Geschichte Oberschule Sachsen

entdecken und verstehen

5

Von den Anfängen der Geschichte bis zum antiken Griechenland

Caroline Heber, Chemnitz
Michael Heinz, Annaberg-Buchholz
Kerstin Herrmann-Nitz, Chemnitz

Mit freundlicher Unterstützung des Landesamtes für Archäologie, Dresden und des Staatlichen Museums für Archäologie Chemnitz (smac)

Cornelsen

Unter Verwendung von Beiträgen von:
Hans-Joachim Cornelissen, Judith Engelhardt, Matthias Fels, Kathrin Grashiller, Wolfgang Humann, Stefanie Müller, Prof. Dr. Hans-Gert Oomen

Projektleitung: Dr. Uwe Andrae
Redaktion: Sandra Ehrlich, Banzkow (bei Schwerin)
Grafik und Illustration: Klaus Becker, Oberursel; Thomas Binder, Magdeburg; Erfurth&Kluger, Berlin; Elisabeth Galas, Bad Breisig; Heimann&Schwantes, Berlin; A. Pflügner, Mörfelden-Walldorf; Matthias Pflügner, Berlin; Dieter Stade, Hemmingen; Michael Teßmer, Hamburg; Hans Wunderlich, Berlin
Karten: Carlos Borrell Eiköter, Berlin
Bildassistenz: Martha Altenstein, Susann Wieja
Gesamtgestaltung: Heimann und Schwantes, Berlin
Technische Umsetzung: zweiband.media, Berlin

Das Umschlagbild zeigt die Korenhalle des Ereichtheions auf der Akropolis in Athen.
Foto von Interfoto e.k./Christian Bäck

www.cornelsen.de

Die Mediencodes enthalten zusätzliche Unterrichtsmaterialien, die der Verlag in eigener Verantwortung zur Verfügung stellt.

1. Auflage, 3. Druck 2021

Alle Drucke dieser Auflage sind inhaltlich unverändert
und können im Unterricht nebeneinander verwendet werden.

Druck und Bindung: Livonia Print, Riga

ISBN 978-3-06-065826-8 (Schülerbuch)
ISBN 978-3-06-065831-2 (E-Book)

PEFC
PEFC/12-31-006

PEFC zertifiziert
Dieses Produkt stammt aus nachhaltig bewirtschafteten Wäldern und kontrollierten Quellen.

www.pefc.de

1 Alltägliche Begegnungen mit Geschichte 10

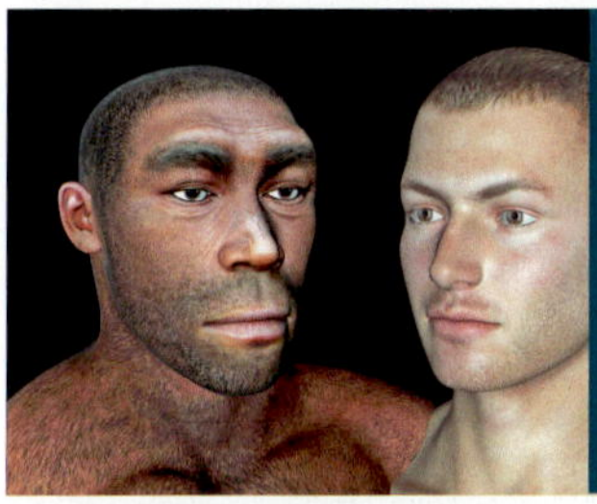

2 Längsschnitt Auf den Spuren der frühen Menschen 30

entdecken und verstehen

Liebe Schülerin, lieber Schüler,
wir möchten dir die verschiedenen Seiten dieses Buches vorstellen.

Auftaktseiten

Jedes Kapitel startet mit einem großen Bild. Darauf gibt es viel zu entdecken: Du kannst Eindrücke sammeln und zusammentragen, was du schon weißt.

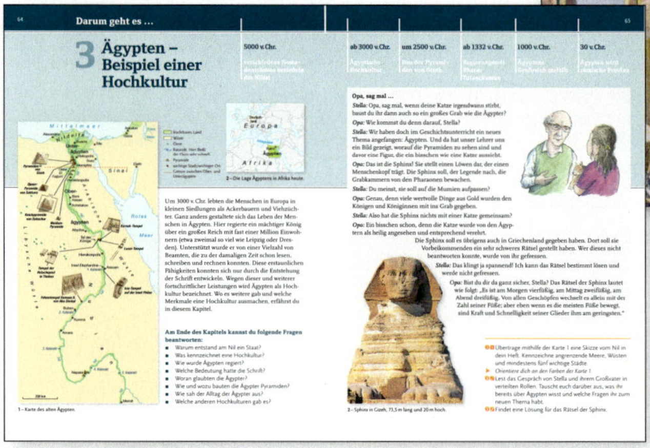

Darum geht es ...

Diese Seite gibt dir einen Überblick
– über wichtige Daten und Räume,
– über die Themen des Kapitels und
– darüber, was du am Ende wissen und können sollst.

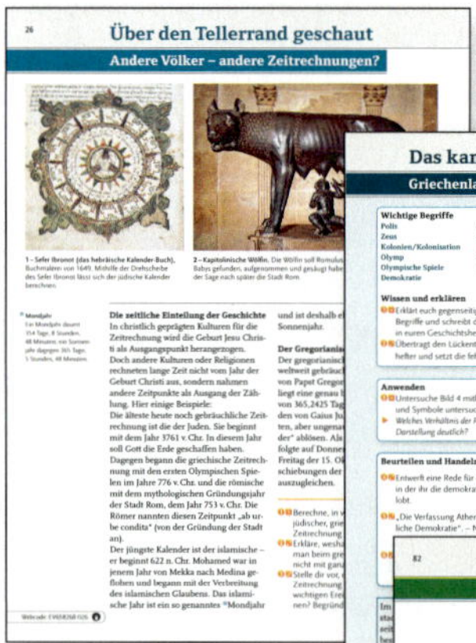

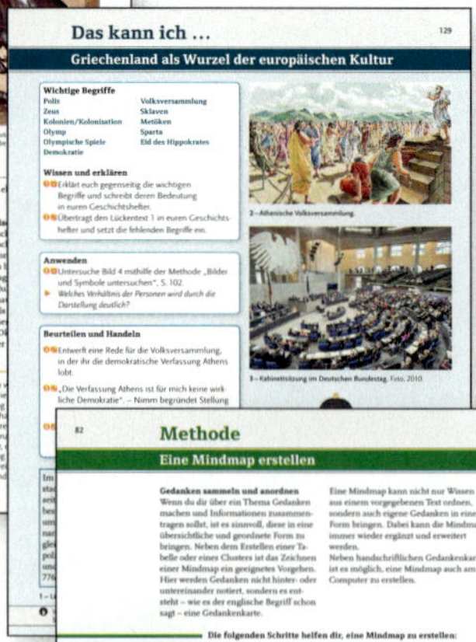

Über den Tellerrand geschaut ...

Auf dieser Seite erhältst du noch vertiefende bzw. weiterführende Informationen zu einem Thema des Kapitels.

Das kann ich ...

Am Ende des Kapitels kannst du dein Wissen und Können testen.

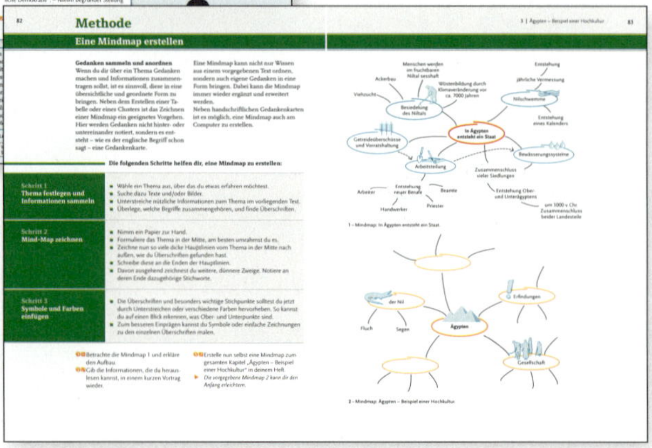

Methode

– Hier kannst du **Schritt für Schritt** erlernen, wie du z. B. eine Mindmap erstellst, Sachtexte bearbeitest und verstehst, Bilder und Symbole untersuchst oder dir ein Urteil bildest.
– **Lösungsbeispiele** helfen dir.
– Eine Übersicht der Methoden findest du im Anhang, S. 132 ff.

Inhaltsseite

Oben links steht immer die **Frage**, um die es auf der Doppelseite geht. Dann folgen **Autorentexte**.

Bei den **Materialien** werden Reden von Politikern, Zeitzeugenberichte und andere Schriften aus der Vergangenheit als Quellen mit einem **Q** versehen. Texte, in denen Wissenschaftler oder Journalisten aus heutiger Sicht etwas darstellen, tragen ein **M**.

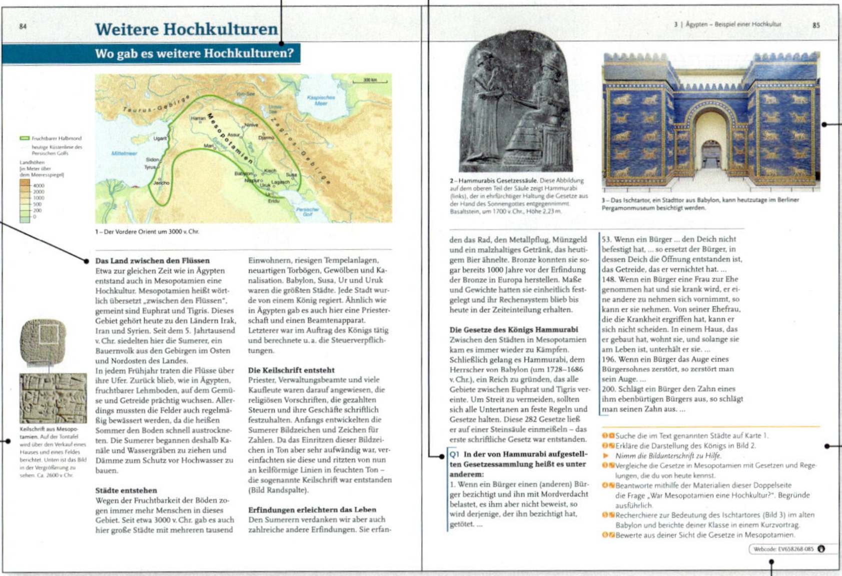

Du findest hier auch **Bilder, Karten und Grafiken**.

Mit den **Aufgaben** kannst du Fragen, Autorentexte und Materialien bearbeiten. Hinter dem Pfeil ▶ findest du **Starthilfen**.

Auf der Randspalte findest du **in schwarzer Schrift Worterklärungen** von schwierigen Begriffen im Autorentext.

Der **Webcode** rechts oder links unten auf der Seite führt dich zu verschiedenen Angeboten zur Weiterarbeit: Du kannst Themen des Buches im Internet vertiefen und dein Wissen anhand von Selbsteinschätzungsbögen prüfen.

So geht es:

1. Gehe auf die Webseite cornelsen.de/webcodes
2. Gib den Webcode der Seite ein, z. B.:

Webcode: EV658268-027
Selbsteinschätzungsbogen

Geschichte vor Ort

Hier erfährst du etwas über die Geschichte Sachsens.

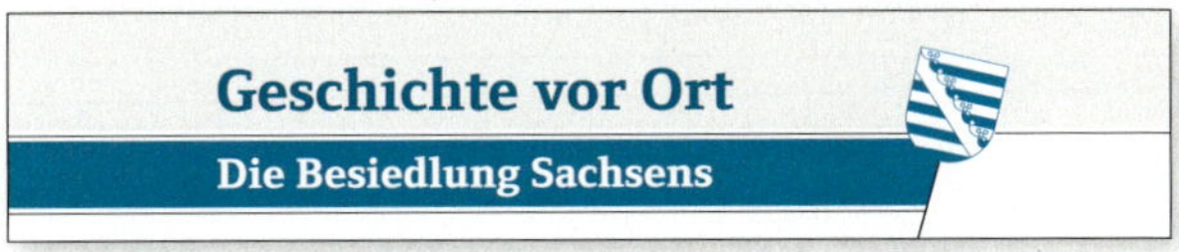

Hier spielt die Geschichte

Mithilfe dieser Seite könnt ihr euer Wissen gemeinsam testen und Spaß haben.

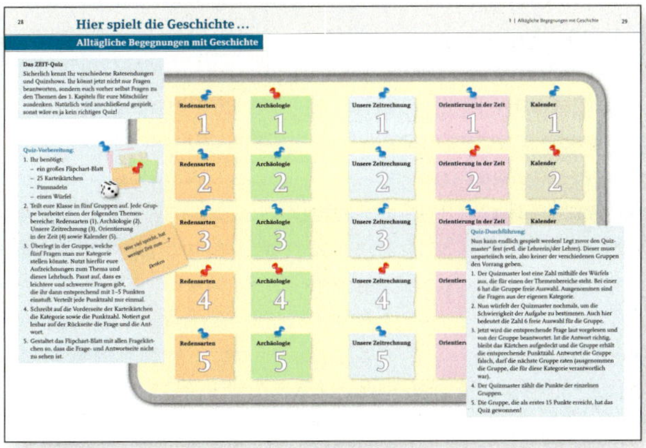

Individuell lernen und fördern

Schauplatz-Seiten: Wahlaufgaben zu einem spannenden Großbild

Auf Schauplatz-Seiten findest du – immer passend zum Kapitelthema – **ein großes Bild mit Wahlaufgaben** (rot), die du in Gruppenarbeit löst.

48 Die Jungsteinzeit

Jäger und Sammler treffen auf Bauern und Viehzüchter

Schauplatz Geschichte

2 | Längsschnitt Auf den Spuren der frühen Menschen 49

Der Wandel von der Altsteinzeit zur Jungsteinzeit vollzog sich sehr langsam. Lange existierten beide Lebensformen nebeneinander. Auf dieser Schauplatzseite begegnen umherziehende Jäger und Sammler sesshaft gewordenen Ackerbauern und Viehzüchtern.

Bildet Gruppen und bearbeitet eine der Aufgaben 1–3. Stellt eure Ergebnisse den anderen Gruppen anschließend vor.

1 Das Mädchen rechts im Bild entdeckt am Waldrand eine Gruppe nomadischer Jäger und Sammler. Sie macht die übrigen Dorfbewohner darauf aufmerksam. Wählt drei Personen aus und schreibt auf, welche Gedanken diesen durch den Kopf gehen könnten. Eine Person antwortet auf die Aussage des Mädchens.

2 Die Gruppen begegnen sich im Anschluss feindlich. Die Dorfbewohner lehnen die „Herumtreiber" von vornherein ab. Stellt diese Situation in einem Rollenspiel dar.

▸ *Die Bauern und Handwerker beobachten misstrauisch, wie sich die Nomaden dem Dorf nähern. Ein Bauer ergreift das Wort: „Verschwindet von hier und lasst unser Vieh in Ruhe ..."*

3 Die Gruppen begegnen sich freundlich und sehen in der Begegnung Vorteile.

▸ *„Wir können weiterhin auf die Jagd gehen und euch mit Wildfleisch versorgen ..."* Spielt diese Situation.

Von leicht bis schwierig ...

Bei allen Aufgaben dieses Buches findest du **Würfel**

Sie zeigen **unterschiedliche Schwierigkeitsgrade** an:

- einfacher Schwierigkeitsgrad
- mittlerer Schwierigkeitsgrad
- erhöhter Schwierigkeitsgrad

1 Zeichne die Gesellschaftspyramide von S. 68 in deinen Hefter und skizziere mit eigenen kleinen Bildern typische Tätigkeiten der vorgegebenen Berufsgruppen.

2 Reise in die Vergangenheit und stelle dir vor, du wärst ein ägyptisches Kind. Freunde fragen dich nach dem Beruf deiner Eltern. Suche dir eine Berufsgruppe aus und verfasse hierzu einen kurzen Text ohne den Beruf gleich zu verraten.

▶ *Du kannst so beginnen: Mein Vater macht. ...*
Nun kann das Erraten der Berufe beginnen.

3 Vergleiche das Leben einer ägyptischen Frau mit dem Leben einer heutigen Frau. Finde Gemeinsamkeiten und Unterschiede.

▶ ▶ Starthilfen – unterstützen und fördern

Auf den Seiten dieses Buches findest du **Starthilfen, die dich bei der Lösung von Aufgaben unterstützen**. Sie tragen ein oranges ▶ oder rotes ▶ Dreieck und sind in *kursiver* Schrift gesetzt.

1 Mit welchen Geräten arbeiten Archäologinnen und Archäologen? Ordne die nachstehenden Begriffe den Gegenständen in Bild 4 zu.

▶ *Spitzhacke, Senkblei, Maßstab, Pinsel, Schreibblock, Fotoapparat, Maurerkelle, Pinsel, Zahnarztinstrument*

2 Ein junger Spartaner schreibt seinem Freund in Athen einen Brief, in dem er erklärt, warum die Erziehung der Kinder in Sparta vom Staat übernommen wird.

▶ *Der Brief könnte so beginnen: Du wunderst dich vielleicht, das hier bei uns der Staat die Erziehung der Kinder übernimmt. Dafür gibt es gute Gründe ...*

Hilfe durch die Operatorenliste

Alle Aufgaben enthalten bestimmte Begriffe, die dir mitteilen, was du bei dieser Aufgabe tun sollst, z. B. nenne, beschreibe, erkläre … . Dies sind die Operatoren. Auf den beiden **Innenseiten des Einbands** dieses Buches findest du eine **Operatorenliste**, in der du solche Begriffe nachschlagen kannst. Du findest dort außerdem Hilfen, wie du bei der Lösung von Aufgaben mit diesem Operator vorgehen kannst, und ein Beispiel dazu.
Die Operatoren sind **alphabetisch** geordnet.

beschreiben Anforderungsbereich 3

Geschichtliche Einzelheiten und Zusammenhänge erkennen (z. B. Karte, Text, Bild) und mit eigenen Worten wiedergeben.

- Beginne mit dem Thema oder dem Titel.
- Beschreibe zuerst das Wesentliche.
- Gehe dann auch auf Einzelheiten ein.
- Fasse den Gesamteindruck zusammen.

↗ **Informationen in Bildern, Schaubildern, Texten …**

Das Schaubild trägt den Titel …
- ▶ *Es zeigt …*
- ▶ *Von zentraler Bedeutung ist …*
- ▶ *Mir fällt noch auf, dass …*

beurteilen/bewerten Anforderungsbereich 3

Geschichtliche Ereignisse aus der Sicht der damaligen Zeit und deren Wertmaßstäben heraus beurteilen oder aus heutiger Sicht und aktuellen Wertmaßstäben bewerten.

- Versetze dich in die damalige Situation und überlege, warum die Menschen so handelten.
- Suche evtl. weitere Informationen zu dem Geschehen.
- Entwickle Argumente aus deinen Ergebnissen, die du bei der Beurteilung einbeziehst.

Für die Bewertung:
- Kläre und benenne den Maßstab für deine Bewertung.
- Beginne mit deiner Stellungnahme und füge stützende Argumente an.
- Wichtig ist, dass deine Meinung gut begründet ist.

↗ **Handlungen, Überzeugungen …**

Ein begründetes Sachurteil formulieren
- ▶ *Die Menschen handelten so, weil …*
- ▶ *Ihre Sichtweisen waren …*

Ein begründetes Werturteil formulieren
- ▶ *Gerechtfertigt/nicht gerechtfertigt finde ich …*
- ▶ *Einerseits …, andererseits …*
- ▶ *Wenn ich in der Situation wäre, würde ich …*

Medienbildung / digitale Bildung

Auf vielen Seiten kannst du **Angebote zur Medienbildung und digitalen Bildung** finden:
Unter den Webcodes:

- **Linktipps** zur Lösung von Arbeitsaufträgen

  Webcode: EV658268-026

- **Selbsteinschätzungsbögen** zur „Das kann ich“-Seite

  Webcode: EV658268-027
  Selbsteinschätzungsbogen

Bei den Aufgaben:

- **Rechercheaufgaben im Internet**

  1 Recherchiere mithilfe des Internets, wo die Himmelscheibe von Nebra heute besichtigt werden kann. Finde heraus, welche Entdeckungen die Diebe beim Fund der Scheibe ebenfalls machten.

  ▶ *Nimm die Methode „Im Internet recherchieren“ von S. 132 zu Hilfe. Der Webcode hilft dir bei der Internetrecherche.*

- **Aufgaben zur Medienarbeit**
  Zusätzlich kannst du auf der Website mebis viele interessante Angebote zur Arbeit mit und über Medien finden, z. B. Filme, und Programme, mit denen man Mindmaps am Computer und Hörspiele erstellt. Es gibt auch spezielle Angebote zum Fach Geschichte.

  4 Stelle die Mindmap auf S. 83 auf dem Computer her. Suche im Internet das Portal mebis und dort mit dem Stichwort „Mindmap“ das entsprechende Softwareprogramm. In der rechten Spalte helfen dir dort Anleitungen zum Erstellen einer Mindmap. Sicherlich kannst du auch einen Informatiklehrer um Rat fragen.n

1 Alltägliche Begegnungen mit Geschichte

Wenn du mit offenen Augen durch deinen Heimatort gehst, begegnet sie dir überall diese alltägliche Geschichte, z. B. in Form von Gebäuden, Straßen, Denkmälern und Brücken. Du kannst sie sehen, riechen und fühlen. Sie kann dich zum Staunen bringen und neugierig machen. Dabei kommen dir vielleicht Fragen in den Sinn: Wie haben die Menschen damals gelebt? Was haben sie gedacht oder gefühlt?
Auf diesem Foto siehst du beispielsweise eine Ausgrabungsstätte. Sie liefert spannende Informationen über das Leben der Menschen zu jener Zeit. Kennst du ähnliche Ausgrabungsstätten auch in deiner Umgebung?

1 Alltägliche Begegnungen mit Geschichte

1 – Dresdner Frauenkirche. Foto, 2012.

2 – Clara-Zetkin-Denkmal in Leipzig. Foto, 2019.

3 – Die Festung Königstein in der Sächsischen Schweiz, Foto, 2011.

Sich mit der Vergangenheit zu befassen, bedeutet, sich mit dem auseinanderzusetzen, was uns umgibt. Du siehst dann Straßen, Häuser, Türme und Mauern, aber vor allem Menschen. Ohne diese Menschen gäbe es diese Welt um dich herum nicht. Dabei kommen dir wahrscheinlich viele Fragen in den Sinn: Wie haben die Menschen eigentlich diese Kirche gebaut und welche Geschichte steckt hinter diesem Denkmal? Oder: Haben auf dieser Burg richtige Ritter gelebt?
Und schon bist du mitten in der Geschichte. Geschichte – damit ist all das gemeint, was seit dem ersten Auftreten der Menschen geschehen ist. Was sich im Laufe der Zeit verändert hat und was bis in die Gegenwart hinein geblieben ist, wirst du in diesem Kapitel erfahren. Geschichte ist nichts Abgeschlossenes, sie entwickelt sich immer weiter.

Am Ende des Kapitels kannst du folgende Fragen beantworten:

- Was ist Geschichte?
- Woher wissen wir, was früher war?
- Wie tickt die Weltenuhr?
- Wie lässt sich die vergangene Zeit einteilen?
- Wie arbeiten Archäologen?
- Wie erstelle ich eine Zeitleiste?

Opa, sag mal …

Stella: Opa, sag mal, was ist eigentlich Geschichte?

Opa: Geschichte?... Das hast du doch als Fach in der Schule. Am besten fragst du deinen Geschichtslehrer danach. Ich denke, in dem Fach Geschichte lernt man, wer wir eigentlich sind und woher WIR kommen.

Stella: Wen meinst du mit wir?

Opa: Damit meine ich uns Menschen – uns Sachsen, Deutsche, Europäer und alle Menschen rund um den Globus.

Stella: So etwas lernt man in Geschichte? Ich dachte, man lernt nur etwas über Könige und Kriege.

Opa: Vor allem lernst du viel über den Menschen und vergangene Ereignisse. Schließlich können dir die Erfahrungen von gestern helfen, es heute und morgen besser zu machen.

Stella: Aber wir leben doch heute!

Opa: Stimmt genau! Allerdings kommt es mir so vor, als säßen wir in einem Auto, das mit hohem Tempo der Zukunft entgegenfährt.

Stella: So wie Papa manchmal auf der Autobahn.

Opa: Genau, nur schauen wir starr nach vorn und interessieren uns nicht mehr für das, was hinter uns liegt.

Stella: Ich hab's, Opa! Dann ist doch Geschichte das, was ich im Rückspiegel sehen kann, oder?

Opa: Eine tolle Idee, Stella! Genau ... im Rückspiegel sehen wir, woher wir gekommen sind. Aber natürlich ändert sich das Bild beim Weiterfahren auch ständig.

Stella: Na klar, und wenn ich genau hinschaue, sehe ich mich selbst ...

4 – Kirche im Rückspiegel.

1. Betrachte die Bilder und erzähle, was du über die Zeit, in der sie entstanden sind, schon weißt.
2. Lest das Gespräch zwischen Stella und ihrem Großvater in verteilten Rollen.
3. Fasse mit eigenen Worten zusammen, was das neue Unterrichtsfach Geschichte beinhaltet.
4. Formuliert Fragen und Wünsche an das neue Unterrichtsfach. Schreibt diese auf bunte Kärtchen und pinnt sie an eine Wand. Auf diese könnt ihr im Laufe des Schuljahres immer wieder zurückkommen.

Geschichte begegnet uns überall

Wo finden wir Geschichte in unserer Nähe?

1 – Die Gölzschtalbrücke im Vogtland ist die größte Ziegelsteinbrücke der Welt und wurde 1851 fertiggestellt. Foto, 2011.

2 – Das Karl-Marx-Monument ist die zweitgrößte Porträtbüste der Welt und wurde 1971 eingeweiht. Die Chemnitzer nennen es liebevoll „Nischl“. Foto, 2010.

3 – Die Nikolaikirche ist die älteste und größte Kirche in Leipzig. Sie wurde ab 1165 erbaut. Foto, 2011.

4 – Auf dem Fürstenzug in Dresden sind überlebensgroß 34 sächsische Herrscher abgebildet. Das größte Porzellanwandbild der Welt (bestehend aus rund 25 000 Meißner Fliesen) wurde 1907 auf der Außenseite des Stallhofes, unweit des Residenzschlosses angebracht.

5 – Der Trabant ist ein bekanntes Fahrzeug aus der DDR, das ab den 1950er-Jahren in Zwickau gebaut wurde. Foto, 2016.

6 – Schon seit dem Mittelalter werden in der Lausitz Ostereier kunstvoll gestaltet. Foto, 2008.

7 – Schloss Hartenfels bei Torgau ist eines der bedeutendsten Schlösser Deutschlands. Der Bau wurde im 15. Jahrhundert begonnen. Foto, 2011.

8 – Schwibbögen stammen aus dem Erzgebirge und sind ursprünglich kein Symbol für Weihnachten. Seit Anfang des 19. Jahrhunderts werden sie in Handarbeit hergestellt. Foto, 2017.

Einige Bilder auf dieser Doppelseite erscheinen euch sicher vertraut oder sie ähneln Gebäuden, die ihr kennt. Häufig gehen wir an Häusern, Kirchen, Denkmälern oder Brücken einfach vorbei: Man kennt sie ja. Aber stimmt das?

1 Erzählt, was ihr über die Bilder auf dieser Seite wisst.

2 Betrachte die Bilder, auf denen jeweils ein Bauwerk zu sehen ist. Stelle Vermutungen an, zu welchem Zweck dieses errichtet wurde und wozu es heute noch dient.

3 Auf den Bildern 1,2,5,6 und 8 sind keine Gebäude zu sehen. Begründe, warum sie dennoch etwas mit Geschichte zu tun haben.

▶ *Verwende Begriffe wie: Brauch, Tradition, Sitte oder Symbol.*

4 Erstellt in der Klasse eine Liste mit Gebäuden, Denkmälern, Brücken etc. aus eurem Heimatort, die ebenfalls hier hätten abgebildet werden können.

Webcode: EV658268-015

Orientierung in der Zeit

Woher wissen wir, was früher war?

1 – Die Quelle des italienischen Flusses Pesio. Foto, 2016.

Spuren der Vergangenheit

Wie bei der Quelle eines Flusses das Wasser aus einem Felsen entspringt, so entspringt auch für die Geschichtsforscher (Historikerinnen/Historiker) Wissen über die Vergangenheit aus Spuren und Materialien, die aus der Zeit stammen, über die etwas in Erfahrung gebracht werden soll. Daher werden diese Materialien in der Geschichtswissenschaft **Quellen (Q)** genannt, wobei vier Arten unterschieden werden (Schema 2).

Geschichte aus unterschiedlichen Blickwinkeln

Wie Detektive stellen Historikerinnen und Historiker Fragen an die Vergangenheit und suchen in Quellen Antworten auf diese. Dabei kommen sie auch zu unterschiedlichen Ergebnissen, denn Quellen können verschieden gedeutet werden und geben immer die Sichtweise des Quellenverfassers wieder (Perspektive). Solche Deutungen und Beschreibungen der Vergangenheit nennt man **Darstellungen (D)**. Sie sind Ergebnisse ständiger Forschungsarbeit.
Der Blick in den Rückspiegel ändert sich also immer wieder. Manchmal stellen Wissenschaftler sogar fest, dass sich Ereignisse ganz anders zugetragen haben.

Quellenarten

Schriftliche Quellen	**Bildliche Quellen**	**Gegenständliche Quellen**	**Mündliche Quellen**
Briefe, Tagebücher, Urkunden, Inschriften	Gemälde, Zeitungen, Fotos, Filme	Gebäude, Münzen, Schmuck, Vasen, Werkzeuge, Denkmäler	Berichte von Zeitzeugen (z. B. Beispiel von Oma oder Opa), Volkslieder, Sagen

2 – Übersicht zu Quellenarten.

3 – Münzfund aus Sachsen.

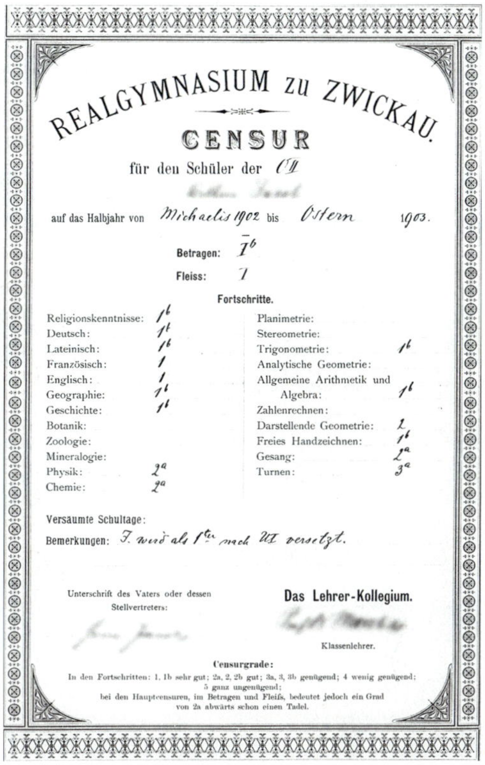

REALGYMNASIUM zu ZWICKAU.

CENSUR

für den Schüler der OII

auf das Halbjahr von Michaelis 1902 bis Ostern 1903.

Betragen: 1b

Fleiss: 1

Fortschritte.

Religionskenntnisse:	1b	Planimetrie:	
Deutsch:	1b	Stereometrie:	
Lateinisch:	1b	Trigonometrie:	1b
Französisch:	1	Analytische Geometrie:	
Englisch:	1	Allgemeine Arithmetik und Algebra:	1b
Geographie:	1b	Zahlenrechnen:	
Geschichte:	1b	Darstellende Geometrie:	1
Botanik:		Freies Handzeichnen:	1b
Zoologie:		Gesang:	2a
Mineralogie:		Turnen:	3a
Physik:	2a		
Chemie:	2a		

Versäumte Schultage:

Bemerkungen: I. wird als 1ter nach UI versetzt.

Unterschrift des Vaters oder dessen Stellvertreters:

Das Lehrer-Kollegium.

Klassenlehrer.

Censurgrade:

In den Fortschritten: 1, 1b sehr gut; 2a, 2, 2b gut; 3a, 3, 3b genügend; 4 wenig genügend; 5 ganz ungenügend;

bei den Hauptcensuren, im Betragen und Fleiſs, bedeutet jedoch ein Grad von 2a abwärts schon einen Tadel.

4 – Schulzeugnis von 1903.

5 – Eine Schülerin befragt eine Zeitzeugin. Foto.

6 – Pferdeköpfe (farbig hervorgehoben) auf Schieferplättchen. Foto, 2014.

7 – Das Völkerschlachtdenkmal in Leipzig. Foto, 2011.

1 Nenne die Quellenarten.

2 Erkläre mit eigenen Worten den Begriff Quelle.

3 Erstelle eine Tabelle mit den vier Quellenarten als Spaltenüberschriften. Ordne dann die Bilder 3–7 den verschiedenen Quellenarten zu.

4 Führe zu jeder Quellenart mindestens zwei Beispiele aus diesem Buch an und notiere diese mit Seitenzahl in der Tabelle.

5 Frage deine Eltern und Großeltern nach eigenen Quellen. Bringe diese mit und stelle sie der Klasse vor.

Wie tickt die Weltenuhr?

1 – Die Entstehung des Lebens auf der Erde symbolisch innerhalb von zwölf Stunden dargestellt.

Die Weltenuhr

Die Entstehung unserer Erde liegt lange zurück, ungefähr 4,6 Milliarden Jahre. Lange davor, vor etwa 15 Milliarden Jahren, fand der sogenannte Urknall statt, bei dem unser *Planetensystem und auch die Erde entstanden. Aber es dauerte noch sehr lange, bis sich allmählich die Gesteine, Fische und schließlich die Menschen entwickelten. Damit man sich die großen Zeiträume überhaupt vorstellen kann, greift man auf die Weltenuhr zurück. Sie macht vereinfacht mithilfe eines 12-Stunden-Ziffernblattes deutlich (Bild 1), wie die Entwicklung des Lebens auf der Erde vor fast 5 Milliarden Jahren abgelaufen ist: 00:00 Uhr entsteht die Erde. Erst gegen 2:36 Uhr (vor ca. 4,2 Milliarden Jahren) entsteht das erste Leben. Frühestens gegen 10:40 Uhr (vor ca. 1,6 Milliarden Jahren) gibt es erste Meerestiere, aber noch keine Wirbeltiere. Diese finden sich gegen 11:01 Uhr in den Urmeeren (vor ca. 570 Millionen Jahren) und breiten sich ab 11:50 Uhr (vor ca. 350 Millionen Jahren) auch auf das Land aus. Erst in der letzten Minute vor zwölf (vor ca. 5,5 Millionen Jahren) entsteht der Vormensch, unser Urahn.

* Planetensystem
Hierbei handelt es sich um die Gesamtheit aller nicht leuchtenden Himmelskörper, die sich um mindestens einen gemeinsamen Zentralstern oder einen sternähnlichen Himmelskörper bewegen.

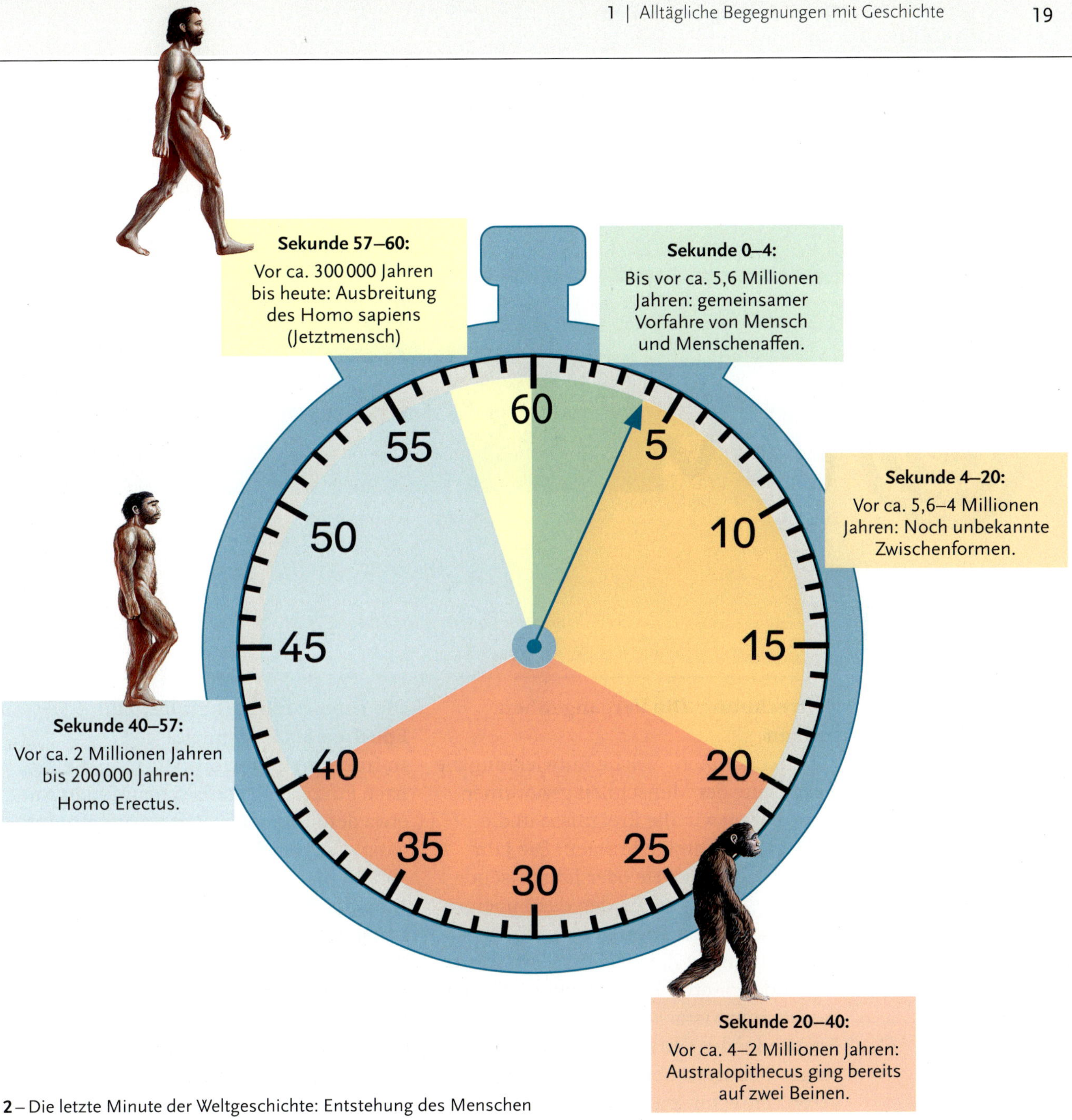

2 – Die letzte Minute der Weltgeschichte: Entstehung des Menschen

Die letzte Minute
Betrachten wir diesen letzten Abschnitt, die letzte Minute auf der Weltenuhr genauer, kann die Entstehung des Menschen beleuchtet werden. Mit diesen wenigen Sekunden der Menschheitsgeschichte befassen sich dieser und die folgenden Geschichtsbände.

1 Zeichne mithilfe eines Zirkels das Ziffernblatt einer Uhr möglichst groß. Übertrage die dargestellten Entwicklungsstufen von S. 18 in diese eine Uhr.

2 Erkläre kurz mit eigenen Worten, was in der letzten Sekunde auf der Welt passiert ist.

3 Der berühmte Physiker Steven Hawking (1942–2018) nannte die Menschen „etwas Besonderes", weil er in der Lage ist, das Universum zu verstehen. Kannst du dich dieser Aussage anschließen? Begründe deine Meinung.

▶ *Ich stimme Hawking zu, weil …*
Ich stimme Hawking nicht zu, weil …

Wie unterteilen die Menschen die Zeit?

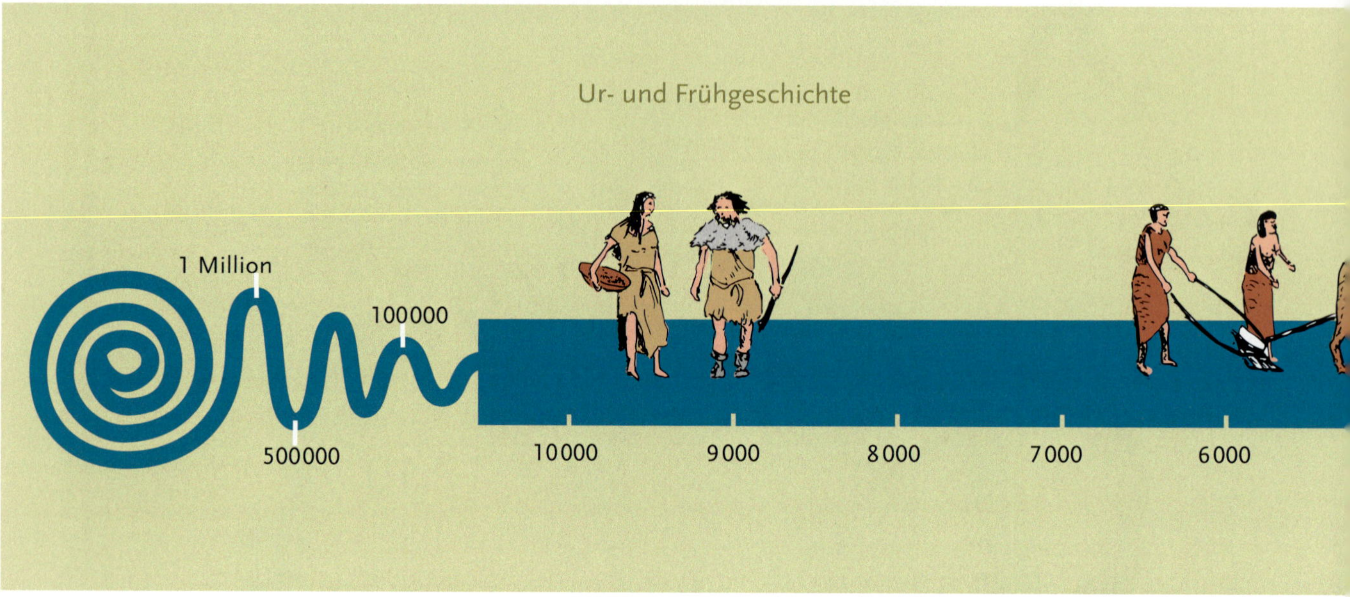

1 – Zeitleiste.

✻ Geburt von Jesus Christus
Der Abt Dionysius Exiguus legte im 6. Jahrhundert n. Chr. mithilfe von alten Texten das Geburtsjahr Jesu fest.
Heute wissen wir, dass er sich dabei um sieben Jahre verrechnet hat. Der „Stern von Bethlehem" erschien bereits im Jahr 7 v. Chr. am Himmel.

✻ Epoche
(altgriech. epoche = Haltepunkt, Abschnitt)
Längere geschichtliche Zeitabschnitte mit grundlegenden Gemeinsamkeiten.

Zeitrechnung: Die Vergangenheit ordnen

Um zu erkennen, welche Entwicklung die Geschichte der Menschheit genommen hat, müssen wir alle Ereignisse in die richtige Reihenfolge bringen. Die Jahrzehnte, Jahrhunderte oder Jahrtausende unserer Geschichte werden dazu in einer Zeitleiste dargestellt. Der wesentliche Punkt auf ihr ist die ✻Geburt Jesu Christi. Er wurde vor etwa 2000 Jahren im Gebiet des heutigen Israels geboren und gilt als Begründer des Christentums. Das Jahr seiner Geburt ist der Ausgangspunkt unserer Zeitrechnung. So werden die Jahre 1–100 als 1. Jahrhundert bezeichnet. Da wir nun zwischen 2001 und 2100 leben, sprechen wir vom 21. Jahrhundert.
Alles, was vor Christi Geburt geschah, erhält deshalb die Abkürzung v. Chr. Im dritten Kapitel wirst du beispielsweise etwas über die Erfindung der Schrift bei den alten Ägyptern 3000 v. Chr. erfahren. Rechnest du nun die Zeit, in der wir nach Christi Geburt leben, dazu – also ca. 2000 Jahre – dann ist die Erfindung der Schrift jetzt also etwa 5000 Jahre her.

Die Unvorstellbarkeit der Zeit – Epochen als Hilfsmittel

In früheren Zeiten ordnete man die Zeit nach kürzeren Naturerscheinungen, wie etwa dem Sonnenauf- und Sonnenuntergang oder der Fülle des Mondes. Man spricht hier von einer natürlichen Gliederung der Zeit. Der Zeitraum der Menschheitsgeschichte ist aber eine sehr große Zeitspanne, in der viele wichtige Personen und Ereignisse das Weltgeschehen beeinflusst haben.
Zur besseren Orientierung, wurde die Geschichte daher in fünf große Zeitabschnitte eingeteilt: die Ur- und Frühgeschichte, die frühen Hochkulturen (Altertum), die Antike, das Mittelalter sowie die Neuzeit. Diese Abschnitte werden auch als ✻Epochen bezeichnet. Sie haben keine festgelegten Grenzen, denn ihre Übergänge sind fließend und so beginnt die Urgeschichte mit der Menschwerdung und endet mit dem Auftauchen der ersten schriftlichen Überlieferungen ca. 3000 v. Chr. Der damit beginnenden Zeit der frühen Hochkulturen schließt sich die klassische Antike an, die in der Zeit

der Griechen beginnt und mit der Völkerwanderung (ab 396 v. Chr.) und dem sich anschließenden Untergang des Weströmischen Reiches um 500 n. Chr. endet. Es folgt das Mittelalter, das als „mittlere Zeit“ zwischen der Antike und der bis heute andauernden Neuzeit gilt. Zu dieser Zeit änderten sich die Kultur und das Leben der Menschen in Europa sehr stark.
Das Mittelalter endet etwa 1000 Jahre später, als verschiedene Erfindungen, wie der Buchdruck mit beweglichen Lettern, und die Entdeckung Amerikas sowie weiterer Gebiete die Menschheit in eine neue Zeit – die Neuzeit – führte.
Dies ist allerdings eine Einteilung aus europäischer Sicht. In Gebieten außerhalb Europas fanden andere einschneidende Ereignisse statt, weshalb man hierfür eigene Einteilungen wählte.

Erste Kalender

Die ersten Aufzeichnungen, nach denen die Zeit in Tage oder Monate eingeteilt wird, sind schon vor tausenden Jahren entstanden.
Wissenschaftlich erwiesen ist, dass die alten Ägypter und Babylonier vor etwa 6000 Jahren ihre Kalender auf die Beobachtung des Sternenhimmels zurückführten. Wichtig war die Schaffung einer Zeiteinteilung, um über das Jahr hinweg eine Orientierung zu erhalten, um Ackerbau zu betreiben oder religiöse Traditionen zu pflegen.

1 Nenne verschiedene historische Persönlichkeiten, die du schon kennst. Ordne diese einer Epoche auf der Zeitleiste zu.
2 Nenne Gründe für die Einführung von Kalendern.
3 Erkläre, welche Bedeutung Jesus Christus heute für unsere Kultur hat. Beziehe dabei auch Feiertage und Feste mit ein.
4 Ordne in Partnerarbeit die unten stehenden Begriffe den richtigen Epochen auf der Zeitleiste zu.
Griechen und Römer, Ägypter, Steinzeitmenschen, Ritter und Burgen
5 Erkläre den Begriff Epoche.
6 Stell dir vor, in 200 Jahren legen die Wissenschaftler eine sechste Epoche nach der Neuzeit fest. Mit welchem Ereignis könnte diese neue Epoche beginnen? Wie könnte der Name dieser Epoche lauten?

Methode

Eine Zeitleiste erstellen

Geschichte übersichtlich darstellen
Zeitleisten sind besonders für das Fach Geschichte, aber auch in anderen Fächern, wie Deutsch, Gemeinschaftskunde oder Geografie, ein wichtiges Hilfsmittel, um Ereignisse übersichtlich und aufeinanderfolgend darzustellen.

Diese eignen sich beispielsweise auch, um anhand von Bildquellen (Fotos) die eigene Familiengeschichte zu rekonstruieren. Hilfreich sind hierfür, neben zeitgenössischen Fotos auch Informationen über die Familiengeschichte deiner Eltern und Großeltern.

Folgende Hinweise helfen dir bei der Erarbeitung einer Zeitleiste:

Schritt 1 **Thema und Zeitspanne festlegen**	■ Lege das Thema der Zeitleiste fest. ■ Stecke die Zeitspanne ab.
Schritt 2 **Material suchen und ordnen**	■ Führe eine Recherche zum gewählten Thema durch. ■ Sammle Fakten und Bilder zu der von dir festgelegten Zeitspanne. ■ Ordne das Material in der richtigen Reihenfolge. Beginne mit den ältesten Fotos/Ereignissen.
Schritt 3 **Zeitleiste anlegen**	■ Nimm ein großes Blatt Papier oder eine Tapetenbahn als Grundlage für deine Zeitleiste. ■ Zeichne einen Pfeil in die Mitte des Blattes, damit du ober- und unterhalb arbeiten kannst. ■ Schreibe das Jahr, welches am weitesten zurückliegt, ganz links. Unterteile die Zeitleiste in sinnvolle Abschnitte. (Beispielsweise kann 1 cm ein Jahr oder zehn Jahre bedeuten, je nachdem, wie groß die Zeitspanne ist, die du darstellen möchtest und wie viel Platz du für die Zeitleiste hast.) Hinweis: Denke daran, dass gleichgroße Zeiträume auch immer gleichgroß abgebildet werden müssen.
Schritt 4 **Zeitleiste gestalten**	■ Gestalte deine Zeitleiste mithilfe von Bildern und Zeichnungen sowie entsprechenden Beschriftungen (Zahlen, Informationen zum Ereignis, etc.)

1. Schau dir die Bilder auf der rechten Seite an. Erzähle, wovon die Bilder berichten.
2. Erstelle eine Zeitleiste zu den Quellen der Klasse 5a (M1). Gehe dabei so vor, wie es auf der Methodenseite dargestellt wird. Trage die mitgebrachten Quellen richtig ein.
3. Erstelle eine Zeitleiste zu den mitgebrachten Quellen eurer Klasse (Arbeitsauftrag 5, S. 15). Nutze auch hier die Vorgaben von S. 22. Trage die mitgebrachten Quellen in der zeitlich richtigen Folge, d. h. chronologisch, ein.
4. Erstelle eine eigene Zeitleiste zur Geschichte deiner Familie. Gehe dabei so vor, wie in den Schritten oben beschrieben und orientiere dich an dem Beispiel von Ben (S. 23).

▶ *Frage deine Eltern und Großeltern am besten nach Fotoalben und befrage sie zu den dortigen Fotos und Ereignissen. Die Bilder kannst du dann kopieren und für deine Zeitleiste nutzen.*

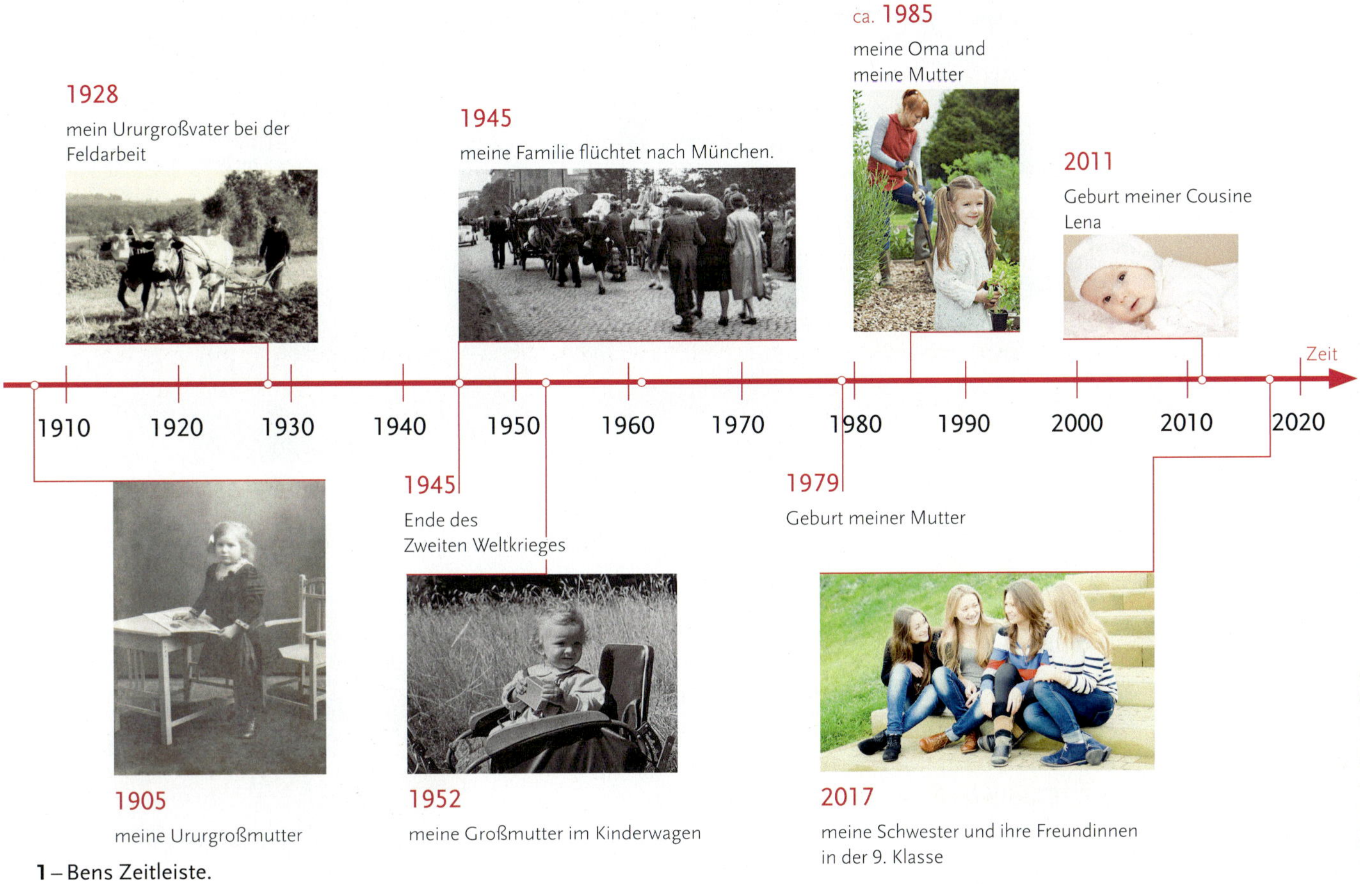

1 – Bens Zeitleiste.

M1 Mitgebrachte Gegenstände „erzählen“

Die Schülerinnen und Schüler der Klasse 5 a waren fleißige Geschichtsdetektive und haben viele Quellen aus dem letzten Jahrhundert gesammelt. Heute durften sie diese in den Geschichtsunterricht mitbringen.

Der große Tisch ist bedeckt mit interessanten Dingen. Leonie zum Beispiel hat eine 80 Jahre alte Fotokamera ihrer Oma mitgebracht, Paul ein paar Schallplatten seines Onkels aus den 1950er-Jahren. Auf einem alten Geldschein aus dem Jahr 1923, den Nele von ihrem Opa geliehen hat, ist die unglaubliche Summe von 3 Milliarden Mark zu lesen. Karl wiederum erklärt seinen Mitschülerinnen und Mitschülern einen Walkman, mit dem sein Vater 1985 Musik gehört hat. Die Schreibmaschine von Annika ist in einem großen und schweren Koffer versteckt, funktioniert aber trotz des Alters von 60 Jahren noch sehr gut. Eine Art Mixer aus den 1930er-Jahren, der ohne Strom und mithilfe einer Handkurbel funktioniert, wird von Max vorgestellt. Mit diesen Quellen erstellt die 5 a eine Zeitleiste.

Wie arbeiten Archäologinnen und Archäologen?

1 – Archäologinnen und Archäologen arbeiten in Ermhof nahe Sulzbach-Rosenberg an der Ausgrabung der Fundamente der frühmittelalterlichen Kirche St. Martin. Foto, 2006.

2 – Die Scherben eines bastverzierten Gefäßes aus dem Brunnen von Altscherbitz werden wieder zusammengesetzt. Foto, 2009.

* Anthropologen (griech. anthropos = Mensch). Diese beschäftigen sich mit der Entwicklung der Menschheit und der die Geschichte menschlicher Überreste.

* Kunsthistoriker Diese befassen sich mit der geschichtlichen Entwicklung der Kunst verschiedener Zeiten und Völker.

* restaurieren (lat. restaurare = wiederherstellen)

Was Indiana Jones wirklich tut

Besonders für Epochen, in denen es wenige oder keine schriftlichen und bildlichen Quellen gibt, sind Historikerinnen und Historiker vor allem auf gegenständliche Quellen angewiesen. Diese werden von Archäologinnen und Archäologen bei Grabungen entdeckt, untersucht und interpretiert. In diesem Zusammenhang denkt man meistens an spannende Geschichten von Wissenschaftlern, die große Schätze finden, wie alte Münzen oder Pharaonengräber – manchmal ganze Städte (wie Troja oder Pompeji). Aber solche Entdeckungen sind eher die Ausnahme. Die Archäologie ist sehr vielschichtig, sodass zur Gewinnung von Erkenntnissen häufig eine Zusammenarbeit mit vielen anderen Wissenschaftlern notwendig ist, z. B. mit *Anthropologen.

Arbeit in vier Schritten

1. Schritt Suchen und Finden: Zunächst muss die Fundstelle festgestellt und beschrieben werden. Manchmal geben Zufallsfunde Hinweise, z.B. auf Baustellen. Manchmal sind es alte Überlieferungen oder z. B. Luftbilder, die auf Fundstellen hindeuten.

3 – Wieder zusammengesetztes bastverziertes Gefäß aus dem Brunnen von Altscherbitz. Foto, 2014.

2. Schritt Graben: Das Grabungsgelände muss vermessen werden, der Boden Schicht für Schicht abgetragen, alles genau fotografiert und die Lage der Fundstücke in einem Protokoll vermerkt werden.
3. Schritt Auswerten: Dazu werden die Funde datiert, beschrieben und ihre Funktion geklärt. Hierzu werden häufig auch andere Wissenschaftler wie Geologen, Biologen, Anthropologen und (Kunst-)Historiker befragt.
4. Schritt Bewahren und Ausstellen: die Fundstücke werden gereinigt, wenn nötig vervollständigt (*restauriert) und für eine Besichtigung, z. B. in einem Museum, vorbereitet.

VIP

„Selbst der Fleißigste ist ohne Fantasie nichts."

Name: Schliemann, Heinrich

Lebensdaten: 6.1.1822 (Neubukow in Mecklenburg) – 26.12.1890 (Neapel, Italien)

Familie: Schliemann entstammte einer Pastorenfamilie aus Mecklenburg. Seine Mutter starb bereits, als Heinrich 9 Jahre alt war.

Jugend/Schule/Ausbildung:
- Schliemann absolvierte die Realschule. Das Gymnasiums musste er aufgrund von Geldproblemen der Familie abbrechen.
- Er machte eine Lehre als Kaufmann in Fürstenberg a.d. Havel und lernte Buchführung und Englisch in Rostock.

Beruflicher Werdegang:
- Während seiner kaufmännischen Tätigkeiten eignete er sich selbst 16 moderne Fremdsprachen sowie Altgriechisch, Lateinisch, Hebräisch und Sanskrit an.
- Durch Geschäfte in Russland und Nordamerika wurde Schliemann reich, sodass er sich seinem eigentlichen Interessengebiet, der griechisch-römischen Antike, widmen konnte.
- Er unternahm Bildungsreisen nach Griechenland sowie in die heutige Türkei und ab 1871 mehrere archäologische Ausgrabungen, um die legendäre Stadt Troja zu finden (erwähnt in Homers *Heldenepos „Illias" über den Trojanischen Krieg).

Besonderheit:
- Schliemann fand die Ruinen von Troja und Mykene mit Königsgräbern.

Was bleibt?
- Heinrich Schliemann gilt als Begründer der modernen Archäologie.
- Schliemanns Irrtümer: der von ihm gefundene „Schatz des *Priamos" stammt nicht vom Trojaner-König aus Homers Illias, sondern ist ca. 1400 Jahre älter; in Mykene entdeckte er nicht die Gräber des Agamemnon und dessen Gefährten, sondern 300 Jahre ältere mykenische Grabbeigaben aus der Zeit um 1600 v. Chr.

* Epos
Erzählung/Dichtung

* Priamos
War nach der Illias König von Troja.

* Agamemnon
War König von Mykene und Anführer der Griechen im Trojanischen Krieg.

4 – Werkzeuge der Archäologinnen und Archäologen.

1 Mit welchen Geräten arbeiten Archäologinnen und Archäologen? Ordne die nachstehenden Begriffe den Gegenständen in Bild 4 zu.

▶ *Spitzhacke, Senkblei, Maßstab, Pinsel, Schreibblock, Fotoapparat, Maurerkelle, Pinsel, Zahnarztinstrument*

2 Finde mithilfe des Textes S. 24 heraus, wozu die einzelnen Geräte dienen. Ordne diese den vier Arbeitsschritten zu.

3 Stelle dir vor, Schliemann hätte zu seinen Lebzeiten erfahren, dass manche seiner Entdeckungen Irrtümer waren. Was hätte er gedacht? Verfasse hierzu einen Tagebucheintrag.

Über den Tellerrand geschaut

Andere Völker – andere Zeitrechnungen?

1 – Sefer Ibronot (das hebräische Kalender-Buch), Buchmalerei von 1649. Mithilfe der Drehscheibe des Sefer Ibronot lässt sich der jüdische Kalender berechnen.

2 – Kapitolinische Wölfin. Die Wölfin soll Romulus und Remus als ausgesetzte Babys gefunden, aufgenommen und gesäugt haben. Die beiden Brüder gründeten der Sage nach später die Stadt Rom.

* Mondjahr
Ein Mondjahr dauert 354 Tage, 8 Stunden, 48 Minuten; ein Sonnenjahr dagegen 365 Tage, 5 Stunden, 48 Minuten.

Die zeitliche Einteilung der Geschichte

In christlich geprägten Kulturen für die Zeitrechnung wird die Geburt Jesu Christi als Ausgangspunkt herangezogen. Doch andere Kulturen oder Religionen rechneten lange Zeit nicht vom Jahr der Geburt Christi aus, sondern nahmen andere Zeitpunkte als Ausgang der Zählung. Hier einige Beispiele:
Die älteste heute noch gebräuchliche Zeitrechnung ist die der Juden. Sie beginnt mit dem Jahr 3761 v. Chr. In diesem Jahr soll Gott die Erde geschaffen haben. Dagegen begann die griechische Zeitrechnung mit den ersten Olympischen Spielen im Jahre 776 v. Chr. und die römische mit dem mythologischen Gründungsjahr der Stadt Rom, dem Jahr 753 v. Chr. Die Römer nannten diesen Zeitpunkt „ab urbe condita“ (von der Gründung der Stadt an).
Der jüngste Kalender ist der islamische – er beginnt 622 n. Chr. Mohamed war in jenem Jahr von Mekka nach Medina geflohen und begann mit der Verbreitung des islamischen Glaubens. Das islamische Jahr ist ein so genanntes *Mondjahr und ist deshalb elf Tage kürzer als unser Sonnenjahr.

Der Gregorianische Kalender

Der gregorianische Kalender ist der heute weltweit gebräuchlichste. Er wurde 1582 von Papst Gregor XIII. eingeführt. Ihm liegt eine genau berechnete Jahreslänge von 365,2425 Tagen zu Grunde. Er sollte den von Gaius Julius Caesar eingeführten, aber ungenauen „julianischen Kalender“ ablösen. Als er eingeführt wurde, folgte auf Donnerstag, den 4. Oktober, Freitag der 15. Oktober, um die Zeitverschiebungen der letzten Jahrhunderte auszugleichen.

1. Berechne, in welchem Jahr wir uns nach jüdischer, griechischer und römischer Zeitrechnung befinden.
2. Erkläre, weshalb es wichtig ist, dass man beim gregorianischen Kalender nicht mit ganzen Tagen rechnet.
3. Stelle dir vor, du könntest eine neue Zeitrechnung festlegen. Mit welchem wichtigen Ereignis würde diese beginnen? Begründe deine Wahl.

Das kann ich …

Alltägliche Begegnungen mit Geschichte

Wichtige Begriffe

Quellen	Neuzeit
Archäologie	Zeitleiste
Epochen	Historiker
Mittelalter	Urgeschichte

Wissen und erklären

1. Erklärt euch gegenseitig die wichtigen Begriffe.
2. Erläutert mithilfe der Lebensuhr (Bild 1) die Geschichte des Lebens auf der Erde.
3. Beantworte die Fragen (Rätsel 2) mit richtig oder falsch. Korrigiere die Aussage, wenn sie falsch ist.
4. Übertragt die Zeitleiste (Bild 3) in euren Geschichtshefter und setzt die Begriffe an die richtigen Stellen.

1 – Lebensuhr.

Anwenden

5. Zeichnet in euren Geschichtshefter eine Zeitleiste für die letzten 100 Jahre.
   ▶ *Nehmt hierfür die Methode „Eine Zeitleiste erstellen" von S. 22/23 zu Hilfe.*
6. Haltet an der Zeitleiste für eure Schule wichtige Daten fest (kleine Schulchronik).
   ▶ *Gründung der Schule, Baumaßnahmen, besondere Ereignisse o. Ä.*

Richtig oder falsch

1. Die Erde ist ungefähr 6,6 Millionen Jahre alt.
2. Die ersten Menschen gab es kurz nach der Entstehung der Erde.
3. Gemälde, Höhlenmalereien und Fotos nennt man schriftliche Quellen.
4. Es gibt verschiedene Ausgangspunkte für den Beginn der Zeitrechnung.
5. Das Jahr 150 n. Chr. liegt weiter in der Vergangenheit zurück als das Jahr 44 v. Chr.
6. Heinrich Schliemann war ein Märchenschreiber.
7. Maurerkelle, Spitzhacke, Fotoapparat und Pinsel sind Arbeitsgeräte eines Archäologen.

2 – Rätsel.

Beurteilen und Handeln

7. Erstellt eine Liste mit der Überschrift Geschichte auf dem Schulweg". Hier tragt ihr alle alten Gebäude, Straßennamen und Inschriften ein, die euch auf dem Schulweg begegnen.
8. Nehmt Stellung zu einer der folgenden Aussagen und begründet eure Antworten dazu:
   a) Wer nichts über die Vergangenheit weiß, ist ein Blinder.
   b) Ich lebe in der Gegenwart. Was interessiert mich die Vergangenheit?

5 – Begriffe für die Zeitleiste.

Webcode: EV658268-027
Selbsteinschätzungsbogen

Hier spielt die Geschichte …

Alltägliche Begegnungen mit Geschichte

Das ZEIT-Quiz

Sicherlich kennt Ihr verschiedene Ratesendungen und Quizshows. Ihr könnt jetzt nicht nur Fragen beantworten, sondern euch vorher selbst Fragen zu den Themen des 1. Kapitels für eure Mitschüler ausdenken. Natürlich wird anschließend gespielt, sonst wäre es ja kein richtiges Quiz!

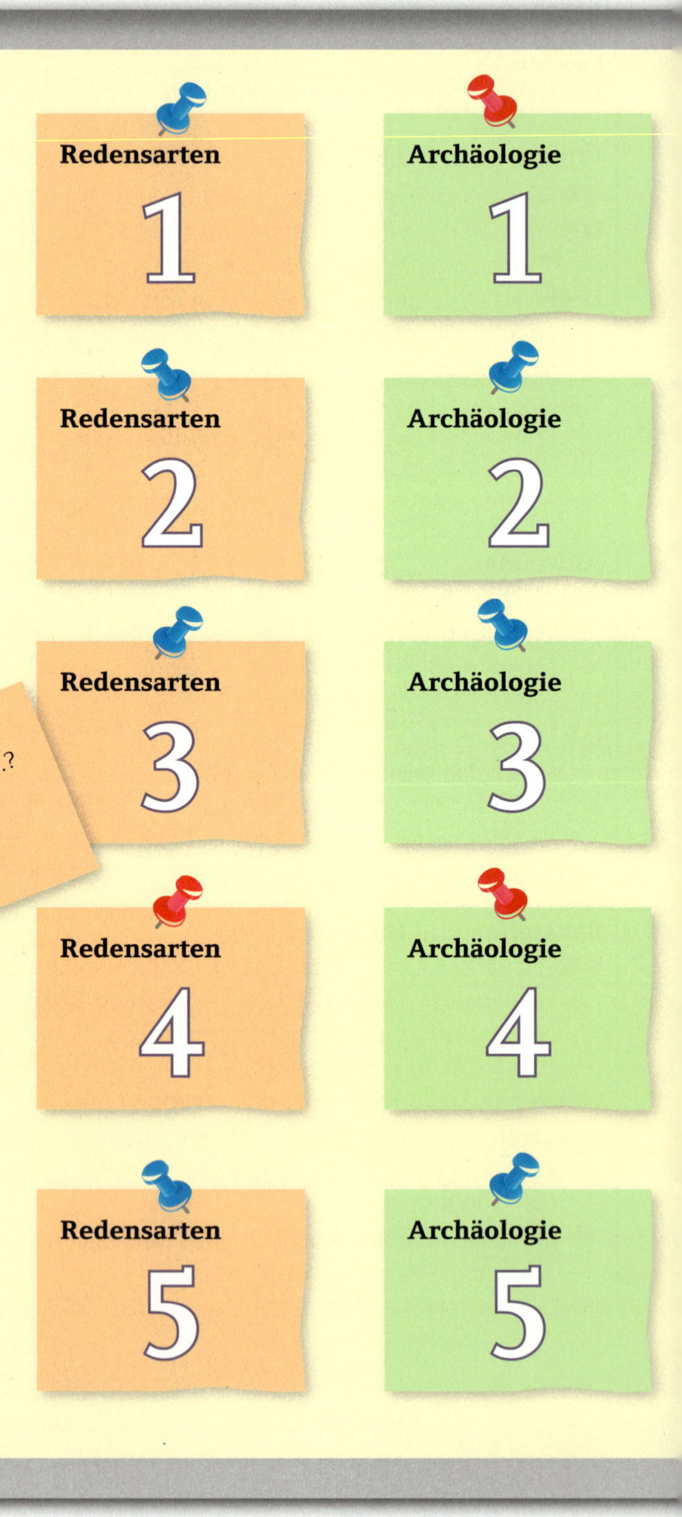

Quiz-Vorbereitung:

1. Ihr benötigt:
   - ein großes Flipchart-Blatt
   - 25 Karteikärtchen
   - Pinnnadeln
   - einen Würfel
2. Teilt eure Klasse in fünf Gruppen auf. Jede Gruppe bearbeitet einen der folgenden Themenbereiche: Redensarten (1), Archäologie (2), Unsere Zeitrechnung (3), Orientierung in der Zeit (4) sowie Kalender (5).
3. Überlegt in der Gruppe, welche fünf Fragen man zur Kategorie stellen könnte. Nutzt hierfür eure Aufzeichnungen zum Thema und dieses Lehrbuch. Passt auf, dass es leichtere und schwerere Fragen gibt, die ihr dann entsprechend mit 1–5 Punkten einstuft. Verteilt jede Punktzahl nur einmal.
4. Schreibt auf die Vorderseite der Karteikärtchen die Kategorie sowie die Punktzahl. Notiert gut lesbar auf der Rückseite die Frage und die Antwort.
5. Gestaltet das Flipchart-Blatt mit allen Fragekärtchen so, dass die Frage- und Antwortseite nicht zu sehen ist.

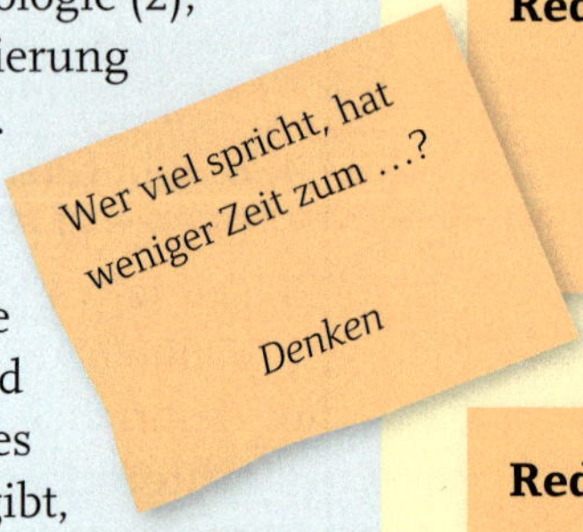

Unsere Zeitrechnung 1

Orientierung in der Zeit 1

Kalender 1

Unsere Zeitrechnung 2

Orientierung in der Zeit 2

Kalender 2

Unsere Zeitrechnung 3

Orientierung in der Zeit

Kalender

Unsere Zeitrechnung 4

Orientieru

Unsere Zeitrechnung 5

Orientieru

Quiz-Durchführung:

Nun kann endlich gespielt werden! Legt zuvor den „Quizmaster“ fest (evtl. die Lehrerin/der Lehrer). Dieser muss unparteiisch sein, also keiner der verschiedenen Gruppen den Vorrang geben.

1. Der Quizmaster lost eine Zahl mithilfe des Würfels aus, die für einen der Themenbereiche steht. Bei einer 6 hat die Gruppe freie Auswahl. Ausgenommen sind die Fragen aus der eigenen Kategorie.
2. Nun würfelt der Quizmaster nochmals, um die Schwierigkeit der Aufgabe zu bestimmen. Auch hier bedeutet die Zahl 6 freie Auswahl für die Gruppe.
3. Jetzt wird die entsprechende Frage laut vorgelesen und von der Gruppe beantwortet. Ist die Antwort richtig, bleibt das Kärtchen aufgedeckt und die Gruppe erhält die entsprechende Punktzahl. Antwortet die Gruppe falsch, darf die nächste Gruppe raten (ausgenommen die Gruppe, die für diese Kategorie verantwortlich war).
4. Der Quizmaster zählt die Punkte der einzelnen Gruppen.
5. Die Gruppe, die als erstes 15 Punkte erreicht, hat das Quiz gewonnen!

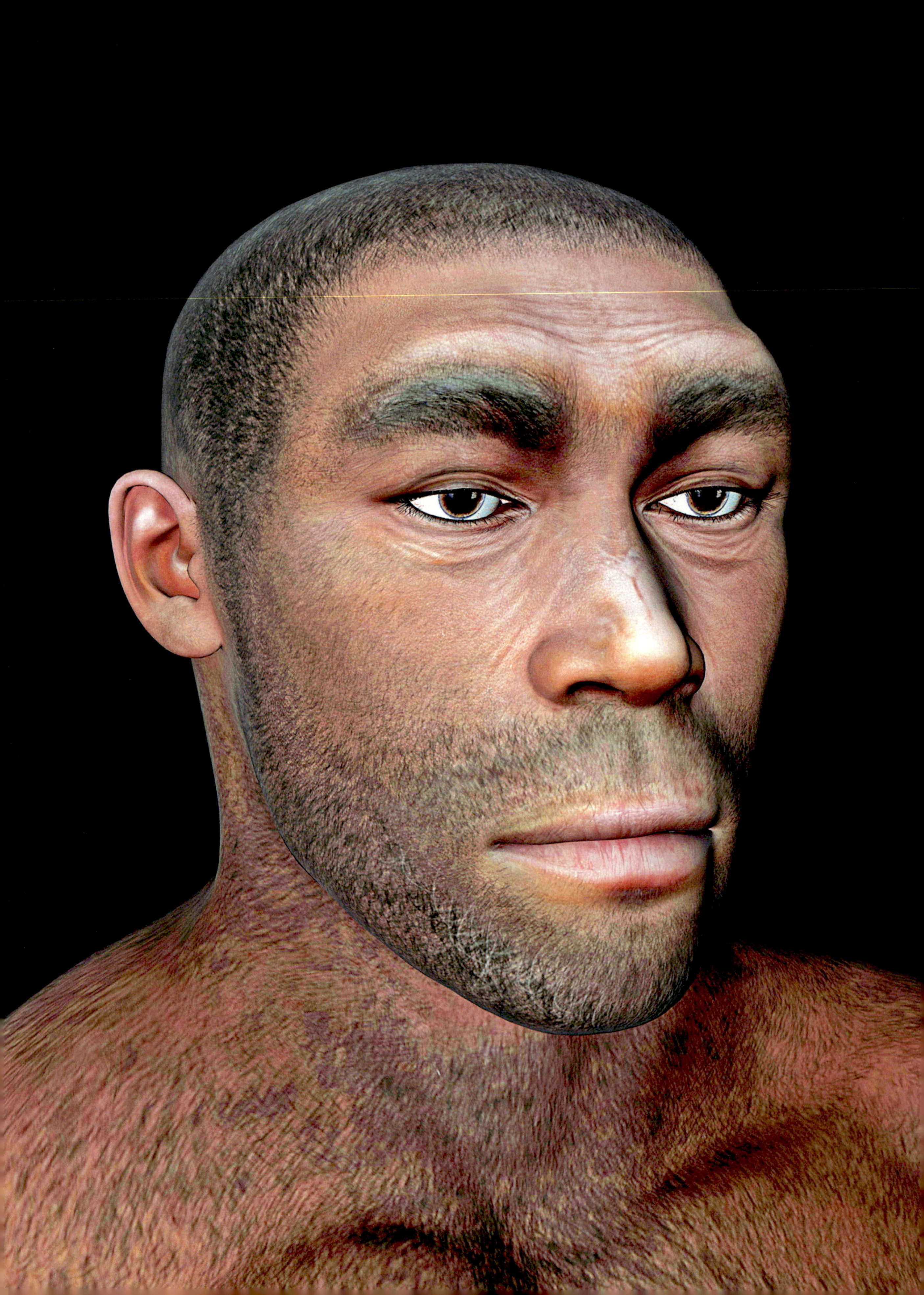

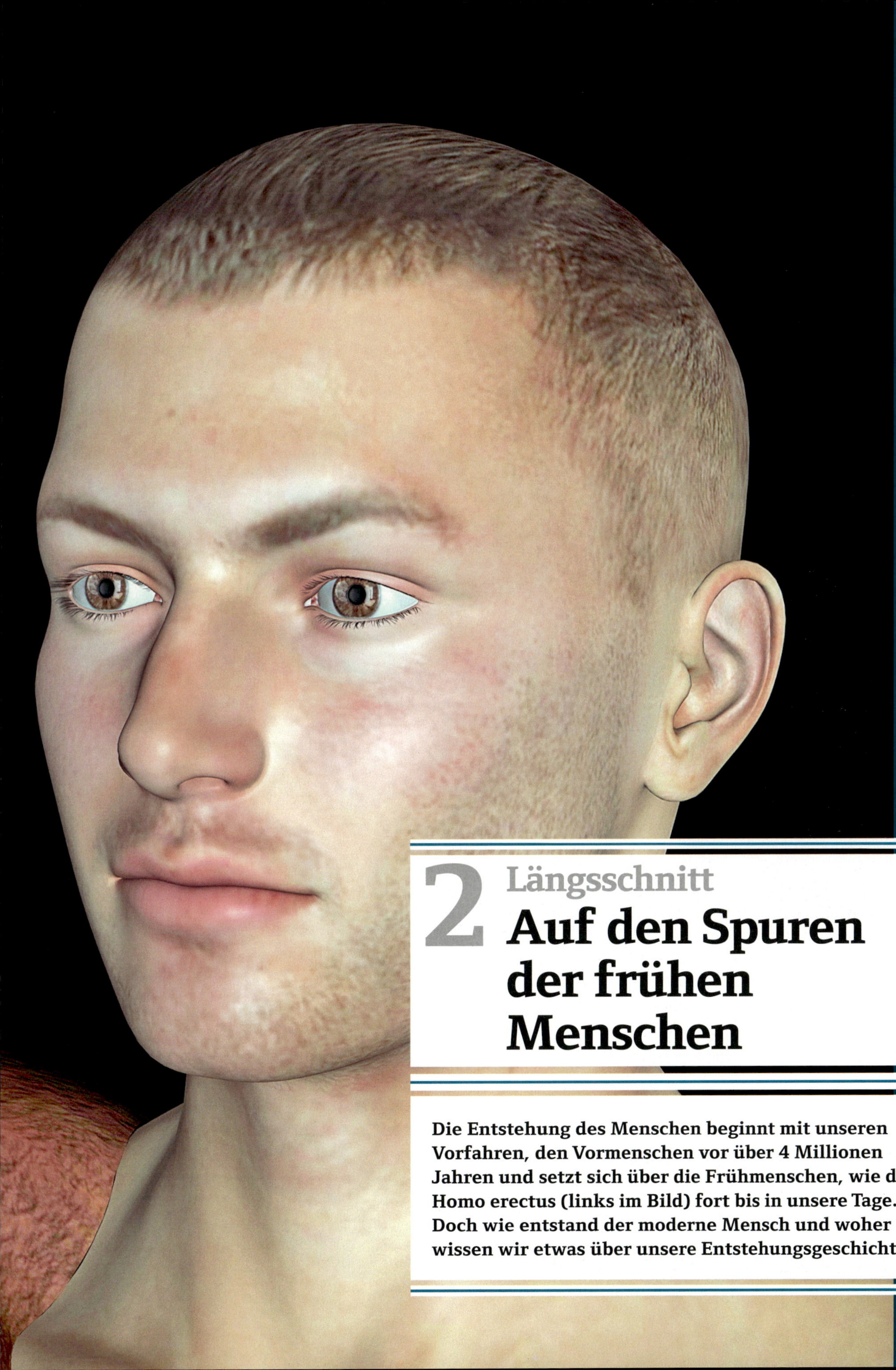

2 Längsschnitt

Auf den Spuren der frühen Menschen

Die Entstehung des Menschen beginnt mit unseren Vorfahren, den Vormenschen vor über 4 Millionen Jahren und setzt sich über die Frühmenschen, wie den Homo erectus (links im Bild) fort bis in unsere Tage. Doch wie entstand der moderne Mensch und woher wissen wir etwas über unsere Entstehungsgeschichte?

2 Längsschnitt Auf den Spuren der frühen Menschen

ca. 4 Mio. Jahre	ca. 2 Mio. Jahre
Entwicklung des Vormenschen	Altsteinzeit Auftreten des Frühmenschen

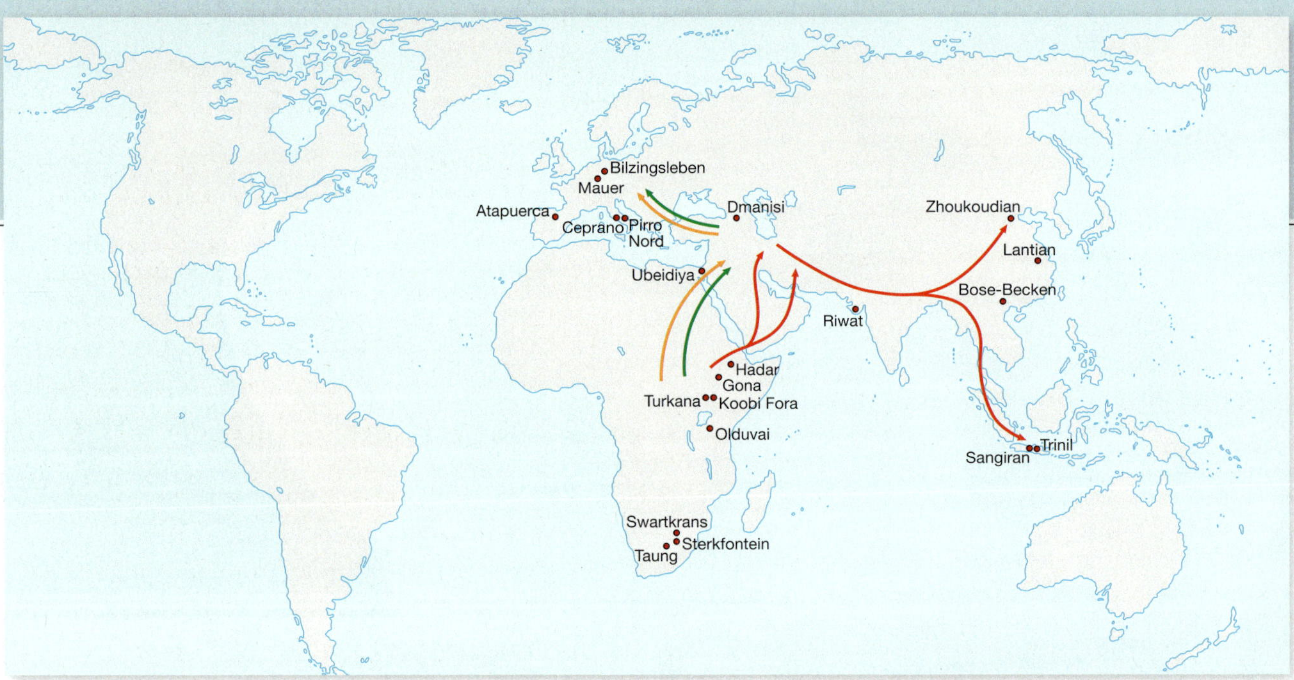

1 – Ursprungsgebiete des Frühmenschen (Homo erectus) und die Ausbreitungswege.

Die Ausbreitung des Frühmenschen (Homo erectus) von Afrika nach Asien und Europa begann schon vor mehr als 2 Millionen Jahren und vollzog sich in mehreren Wellen:

- vor 2 – 1,5 Mio. Jahren
- vor 1 – 0,5 Mio. Jahren
- vor 500 000 – 100 000 Jahren
- wichtige Fundstellen

Wir Menschen sind die einzigen Lebewesen, die über sich selbst nachdenken. Wo kommen wir her? Und wo gehen wir hin?
Über die Entwicklung vom Vormenschen zum Jetztmenschen berichten uns immer neue Knochen- und Werkzeugfunde sowie Siedlungsspuren aus der ganzen Welt. Die nicht immer geradlinig verlaufende Menschwerdung soll auf den folgenden Seiten anhand ausgewählter Beispiele dargestellt werden, um die Entwicklung unserer Vorfahren zu erforschen.

Am Ende des Kapitels kannst du folgende Fragen beantworten:

- Seit wann etwa gibt es Menschen?
- Welche großen Schritte der Menschwerdung bis zum Homo Sapiens gibt es?
- Wie lebten die Menschen der Altsteinzeit im Vergleich zu jenen der Jungsteinzeit?
- Welche Vorteile brachte die Sesshaftigkeit?
- Welche Neuerungen brachte die Metallzeit?

ca. 130 000 Jahre	ca. 40 000 Jahre	ca. 5500 v. Chr.	ca. 2200 v. Chr.
Neandertaler in Europa	Der moderne Mensch in Europa	Jungsteinzeit in Mitteleuropa	Metallzeit in Mitteleuropa

Opa, sag mal …

Opa: Na, Stella, wie läuft es momentan in der Schule?

Stella: Eigentlich recht gut, Opa. Wir sind schon eine richtige Klasse geworden, nur in den Pausen ist oft ganz schön was los bei uns. Oma würde sagen, es herrscht ein richtiges Affentheater!

Opa: Was ist denn das für ein komischer Vergleich?

Stella: Naja, einige aus meiner Klasse benehmen sich ganz schön wild. Sie springen herum und schreien, fast so wie Affen eben.

Opa: (lacht): Das liegt vielleicht daran, dass wir Menschen und Affen gemeinsame Vorfahren haben. In manchen Situationen kommt dieses Erbe möglicherweise einfach durch.

Stella: Aber nicht bei mir, Opa!

Opa: Ich hoffe nur, dass das auch immer so bleibt …

Stella: Na klar! Aber sag mal Opa, haben Menschen und Affen wirklich gemeinsame Vorfahren?

Opa: Natürlich! Der Affe ist unser nächster tierischer Verwandter. Schimpansen und Gorillas sind sogar näher mit uns Menschen verwandt als mit den Orang-Utans. Sie besitzen ein höher entwickeltes Gehirn als die anderen Tiere und auch äußerlich sind Affen den Menschen am ähnlichsten.

Stella: Das ist spannend, darüber möchte ich gern genau Bescheid wissen.

Opa: So ganz genau weiß aber niemand, wie sich aus diesen gemeinsamen Vorfahren über mehrere Millionen Jahre hinweg der Jetztmensch entwickelte. Die Menschheitsgeschichte ist bis heute wie ein spannendes Puzzle, bei dem leider viele Teile fehlen. Und jedes Mal, wenn die Wissenschaftler ein neues Teil finden, verändert sich das Bild Stück für Stück wieder.

1 Stelle mithilfe der Karte 1 fest, wo die ersten Menschen lebten. Suche diese Orte in einem Atlas und finde heraus, in welchen heutigen Ländern sie liegen.

2 Lies das Gespräch zwischen Stella und ihrem Opa mit verteilten Rollen.

3 Fasse mit eigenen Worten den Inhalt des Gesprächs zwischen Opa und Stella zusammen.

4 Erkläre, inwiefern die Menschheitsgeschichte mit einem Puzzle vergleichbar ist.

Die Altsteinzeit

Seit wann gibt es den Menschen?

1 – Stufen der menschlichen *Evolution. Von links nach rechts zu sehen sind: Proconsul (lebte vor etwa 23–15 Mio. Jahren), Australopithecus afarensis (vor > 4 – 2,5 Mio. Jahren), Homo habilis (2,5 Mio Jahren). In der Mitte befindet sich Homo naledi, daneben ist Homo erectus zu sehen (erscheint vor etwa 1,8 Millionen Jahren in Afrika) sowie Homo neanderthalensis (vor ca. 230 000 Jahren). Er war nahe verwandt mit dem Homo sapiens, dem Jetztmenschen. Illustration.

* Evolution
Stammt aus dem Lateinischen (evolvere) und bedeutet Entwicklung.

Die Entstehung des Vormenschen
Die Frage nach ihrer Herkunft, hat die Menschheit schon immer bewegt. Bis heute existieren in den verschiedenen Kulturen verschiedene Erklärungsversuche – Schöpfungsgeschichten, Sagen, Legenden. Die wissenschaftlichen Erklärungen basieren in erster Linie auf Funden wie Knochen, Werkzeugen oder Siedlungsspuren. Durch weltweite Funde kann die *Evolution des Menschen auf diese Weise immer besser nachvollzogen werden. Es ist wie bei einem Puzzle, dem immer wieder neue Einzelteile, die anfangs nicht zueinander passten, hinzugefügt werden. So wird das Bild langsam immer klarer.
Schauen wir in den Rückspiegel, circa 7 Millionen Jahre zurück: Klimaveränderungen sorgten dafür, dass die bis dahin riesigen dichten Urwälder verschwanden. Es entstanden nun lichtere Wälder und Graslandschaften (Savannen). Affenähnliche Vormenschen mussten sich nun vermehrt auf ihren Hinterbeinen auf dem Boden fortbewegen. Dies geschah vermutlich, um gefährliche Tiere rechtzeitig zu sehen und flüchten zu können. Sie perfektionierten dabei ihren Gang und konnten die nun nicht zum Laufen benötigten Arme und Hände für andere Dingen nutzen. Aus diesen Vormenschen entwickelte sich über die Ur- und Frühmenschen der Jetztmensch.
Eine Grundlage für die heutige Theorie zur Entstehung des Menschen ist die Evolutionstheorie *Charles Darwins.

Q1 Jean-Jacques Hublin, Direktor des Max-Planck-Instituts für evolutionäre Anthropologie in Leipzig, sagte 2017:
... Die Evolution des Menschen war kein linearer Prozess, wo sich aus einer Art die nächste entwickelt hat. Das ist eher ein komplexer Stammbusch, wo sich Arten zeitlich und räumlich überlappen. ...

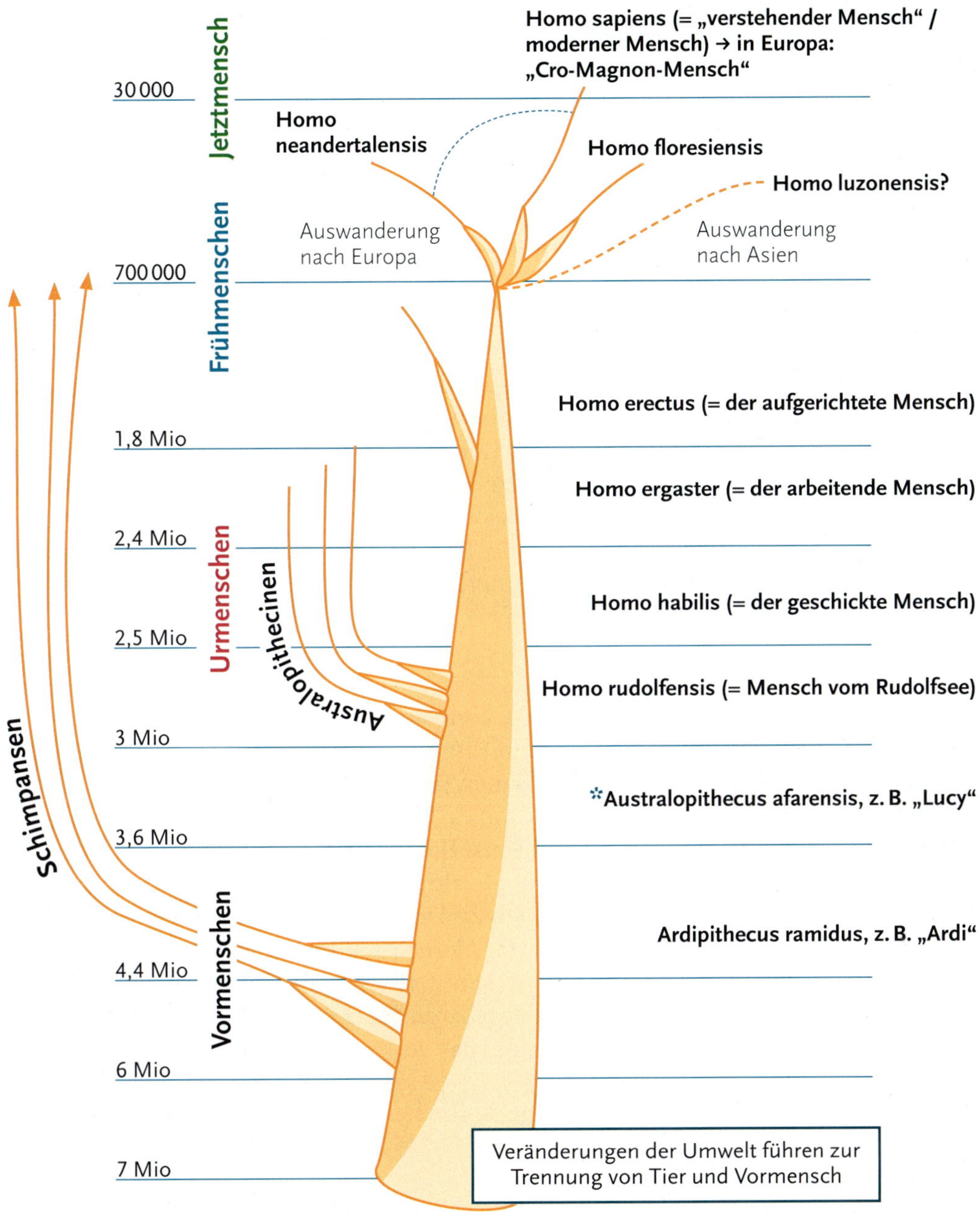

* Australopithecus (lat. australis = südlich, griech. pithekos = Affe) Sinngemäß also „südlicher Affe“.

Charles Darwin (1809–1882) entwickelte 1859 seine Evolutionstheorie. Sie besagt, dass sich alle Arten der Tiere über einen sehr langen Zeitraum entwickeln. Dabei setzen sich die Tiere durch, die am besten an ihre Umwelt angepasst sind. Ändern sich die Umweltbedingungen, setzen sich Tiere mit anderen Anpassungen durch.

1. In welche vier großen Entwicklungsstufen teilt der Stammbaum die Evolution des Menschen ein? Nenne jeweils einen Vertreter.
2. Beschreibe mit eigenen Worten die Entwicklung vom Vormenschen zum Jetztmenschen.
   ▶ *Beginne mit: Die Entwicklung vom Affen zum Menschen beginnt mit Vormenschen wie Ardi oder Lucy, die vor ca. …*
3. Lies dir die Aussage von Jean-Jacques Hublin noch einmal durch. Erkläre sie mithilfe des Stammbaums (Schema 2).
4. Fertige einen kurzen Steckbrief zu Charles Darwin an. Recherchiere hierzu im Internet
5. Darstellungen wie Bild 1 werden immer wieder kritisiert. Begründe dies.

Webcode: EV658268-035

Die ersten Menschen

Gruppenpuzzle: Entwicklungsstufen des Menschen

*Australopithecus
Der Name ist zusammengesetzt aus: „australis" (Lat. „südlich") und „pithekos" (Altgrie. „Affe").

Vormensch-Sensationsfund in Afrika: Lucy – kein Affe mehr, aber auch noch kein Mensch

1 – Australopithecus afarensis „Lucy". Rekonstruktion anhand gefundener Knochen.

In Äthiopien (Afrika) fanden Wissenschaftler 1974 Knochen eines ***Australopithecus**-Weibchen, dem sie den Namen Lucy gaben. Lucy lebte vermutlich vor ca. 3,2 Mio. Jahren. Vermutlich war Lucy ca. 1,00 m groß und wog 27 kg. Sie bewegte sich nicht nur auf Bäumen, sondern auch hin und wieder auf zwei Beinen auf der Erde. Wobei sie nicht auf die Handknöchel gestützt lief, wie wir es heute von Schimpansen und Gorillas kennen. Das beweisen die gefundenen Becken- und Fußknochen. Das Gehirn ähnelte mit einer Größe von ca. 280–550 cm^3 zwar noch stark dem eines Schimpansen, doch den Kopf balancierten Australopitheci wie heutige Menschen auf der Wirbelsäule. Bei den Affen endet dagegen das Rückgrat höher am Hinterkopf.

*Turkana-See
Der Turkana-See hieß bis 1975 Rudolfsee.

*Faustkeil
Der Faustkeil war Allzweck-Werkzeug und Waffe der Frühmenschen.

Ein Urmensch: Homo rudolfensis

2 – Homo Rudolfensis. Rekonstruktion anhand gefundener Knochen.

1972 wurden die Überreste eines fossilen Skeletts in der Nähe des heutigen *Turkana-Sees in Kenia entdeckt. Er lebte vor etwa 2,5 Millionen Jahren.
Sein Gehirn war mit ca. 600–800 cm^3 deutlich größer als das des Australopithecus. Die dem **Homo rudolfensis** zugeordneten Knochenfunde ähneln stärker dem Jetztmenschen als dem des zur selben Zeit in Ostafrika lebenden **Homo habilis.** Wahrscheinlich war Homo rudolfensis etwa 1,50 m groß, wog bis zu 50 kg und nutzte schon Steinwerkzeuge, vor allem den vielseitig einsetzbaren *Faustkeil. Damit wäre er der erste Hominide, der das tat.

1. Lest euch die vier Karteikarten durch.
2. Bildet vier Gruppen (Stammgruppen). Teilt untereinander die vier Texte auf.
3. Die Schüler mit den gleichen Texten finden sich nun in einer gemeinsamen Gruppe zusammen (Expertengruppe).
4. Fertigt in euren Expertengruppen gemeinsam einen Steckbrief an. Gliedert diesen mit folgenden Schwerpunkten: wissenschaftlicher Name, Jahr des Fundes, Fundort, Schädelgröße, Größe und Gewicht, Aussehen, besondere Fähigkeiten.

Ein Frühmensch-Lagerplatz in Thüringen: Homo erectus bilzingslebensis

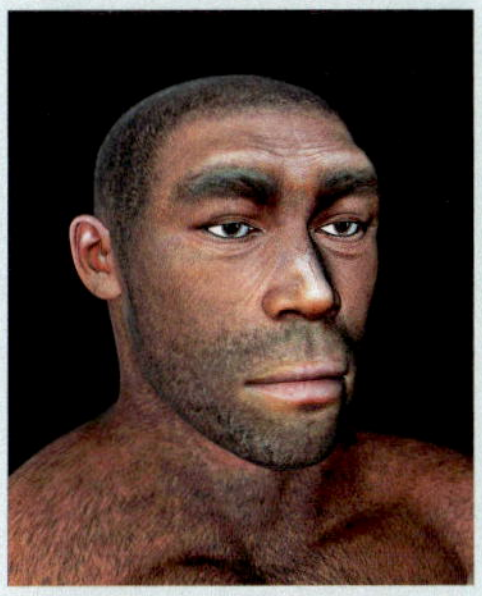

3 – Homo erectus. Rekonstruktion anhand gefundener Knochen.

Das thüringische Bilzingsleben liegt südlich des Kyffhäusergebirges. Hier wurde von Archäologen bereits 1969 ein Lagerplatz der Frühmenschen entdeckt. Bis ins Jahr 2000 fanden die Wissenschaftler Steinwerkzeuge, Stoßzähne und Knochen von 242 Nashörnern und 70 Elefanten sowie 375 000 Jahre alte menschliche Schädel eines **Homo erectus.** Hier lagerten vermutlich 30–40 Frühmenschen, die scheinbar als Großwildjäger bereits das Feuer nutzten.
Mit einer Schädelgröße von 850–1250 cm^3 kam der ca. 1,65–1,79 große und 50–60 kg schwere **Homo erectus** dem modernen Menschen schon sehr nahe. Weiterhin wurden auf dem Lagerplatz fünf Knochen mit einem eingeritzten Muster gefunden, das nachweislich bewusst aufgebracht wurde. Dies beweist, dass der Homo erectus bereits mit Symbolen umgehen konnte, was als Voraussetzung für die Fähigkeit zu sprechen gilt. Der Bilzingslebener Frühmensch nutzte Feuer, hölzerne Wurfspeere, lebte in kleinen Wohnbauten und hatte in der Mitte seines Lagerplatzes sogar eine gepflasterte Fläche.

Homo Neanderthalensis – Der Jäger der Eiszeit

4 – Homo neanderthalensis. Rekonstruktion anhand gefundener Knochen.

Lange bevor der Homo sapiens den europäischen Kontinent betrat, lebte hier eine äußerst widerstandsfähige Art: klein (ca. 1,60 m), kräftig und robust, ca. 75 kg schwer – der **Neandertaler.**
1856 entdeckte man in einer Höhle im Neandertal (nahe Düsseldorf) erstmals Knochen von ihm. Er hatte sich gut an die herrschende Eiszeit angepasst und erlegte als erfahrener Jäger auch große Tiere wie Mammuts. Er war ein geschickter Werkzeugmacher und bestattete seine Toten mit Grabbeigaben. Neueste Forschungen ergaben, dass er auch zur See gefahren sein muss und sprechen konnte. Obwohl sein Gehirn mit einer Größe von 1520 cm^3 das des modernen Menschen übertraf, starb er vor ca. 30 000 Jahren aus. Über die Gründe gibt es viele Spekulationen. Eins ist jedoch bewiesen: es kam auch zur Verpaarung mit dem sich durchsetzenden Homo sapiens – so steckt also auch in vielen von uns ein Stück Neandertaler.

Kehrt zurück in eure Stammgruppen. Stellt euch die Steckbriefe in den Stammgruppen gegenseitig vor. Erstellt mithilfe eurer Ergebnisse eine Tabelle, in der ihr die vier Menschenarten vergleicht.

	Vormensch	*Urmensch*	*Frühmensch*	*Neandertaler*
Wissensch. Name				
Jahr des Fundes				
Fundort				
Schädelgröße				
Größe und Gewicht				
Aussehen				
Fähigkeiten				

Wie lebten die Menschen in der Altsteinzeit?

1 – Jäger in der Altsteinzeit. Illustration.

2 – Sammler und Sammlerinnen. Illustration.

Alltag in der Altsteinzeit

Während der *Altsteinzeit konnten die Menschen nur überleben, wenn sie sich zu kleinen Gruppen von etwa 20 – 30 Mitgliedern zusammenschlossen. Diese sogenannten *Horden lebten in Zelten oder einfachen Hütten, die schnell auf- und abgebaut werden konnten. Das war wichtig, denn wenn es in einem Gebiet nicht mehr genügend Nahrung gab, zog die Horde weiter. Menschen, die so leben, werden als *Nomaden bezeichnet.

Das damalige Leben war bestimmt durch die tägliche Beschaffung von Nahrung, die zum größten Teil gesammelt wurde. Hierzu gehörten Pilze, Wurzeln, Beeren, Nüsse und Früchte, aber auch Schnecken, Insekten und Kleintiere wie Fische, Frösche oder Eidechsen. Vogeleier und Bienenhonig waren ebenfalls beliebte Speisen. Größere Tiere wurden mit selbsthergestellten Waffen aus Stein, Holz oder Geweih gejagt, was mitunter sehr gefährlich sein konnte. Wenn ein großes Tier, z. B. ein Mammut, erlegt wurde, war das ein großes Glück für die Horde. Deshalb wurde von den Tieren auch alles genutzt und weiterverarbeitet.

Neben dem Sammeln und Jagen gab es noch viele weitere Aufgaben, die den Alltag des Ur- und Frühmenschen bestimmten. So mussten Werkzeuge hergestellt und repariert, Tiere gehäutet und die Felle gegerbt, Kranke und Verletzte versorgt und Tote bestattet werden.

Wohnen ohne Häuser

Die Hütten oder Zelte aus Astwerk waren bedeckt mit Tierfellen (dem Tipi der nordamerikanischen Ureinwohner nicht unähnlich). Auch Erdgruben mit einem Dach aus Reisig oder Fellen boten Schutz, vereinzelt auch Höhleneingänge oder Felsvorsprünge..

Musik und Kunst

In ihrer Freizeit, das zeigen Funde von Flöten aus Schwanenknochen von vor über 35 000 Jahren, spielten für die Menschen der Altsteinzeit vermutlich Musik und Tanz eine große Rolle.

Aber auch künstlerisch betätigten sich die Menschen bereits. In verschiedenen Höhlen in Europa wurden beeindruckende Malereien entdeckt (siehe S. 43). Auch in Sachsen wurden kleine Kunstwerke ge-

* **Altsteinzeit (Paläolithikum)**
  Ist die längste Phase in der Geschichte des Menschen. Sie umfasst in etwa die Zeit von 2 Mio. bis ca. 9000 v. Chr. Ihren Namen erhielt sie aufgrund des zu dieser Zeit vornehmlich genutzten Materials zur Werkzeugherstellung (Stein).

* **Horden und Sippen**
  Familienähnliche Lebensgemeinschaft von ca. 20 bis 40 Menschen.

* **Nomade**
  Von Griech. nomas = umherziehend.

a Pfeil
b Herdstein
c Hacke
d Speere mit Feuersteinspitze
e geräuchertes Fleisch
f Stein zum Mahlen von Körnern
g Bogen
h Tierzähne und Schnecken als Schmuck
i Brennholz

3 – Techniken und Werkzeuge in der Altsteinzeit. Illustration.

funden. Das Schieferplättchen mit den beiden Pferdeköpfen aus Groitzsch (Bild 4) wird auf ein Alter von ca. 14 500 Jahren geschätzt.

Frauen kochen, Männer jagen?

Häufig zeigen Bilder über die Steinzeit Frauen beim Sammeln von Kräutern, Pilzen und Beeren. Außerdem – so glaubt man – waren sie zuständig für die Kindererziehung sowie das Kochen und Nähen. Männer sollen dagegen auf die Jagd gegangen sein und Waffen hergestellt haben. – Stimmt dieses Bild?

M1 Die Wissenschaftlerin Linda R. Owen kommt aufgrund ihrer Forschungen zu dem Ergebnis:
... [Es gab in der Altsteinzeit] aktive, starke Frauen, die große Entfernungen laufen, schwere Lasten tragen oder stundenlang Wurzeln ausgraben; Mütter, die Kinder erziehen und ihnen ihre Kenntnisse und ihr Handwerk beibringen; Sammlerinnen, Jägerinnen und Fischerinnen, die erheblich zur Ernährung ... beitragen; Frauen, die Werkzeuge herstellen und für eine Vielzahl von Tätigkeiten verwenden. ...

4 – **Schieferplättchen von Groitzsch.** Umzeichnung der Hauptlinien der Pferdegravierungen. Gelb: großes Pferd; blau: kleines Pferd. Es datiert 12 500 v. Chr. und ist damit die älteste bildliche Darstellung Sachsens.

1. Schreibe die Begriffe, die neben Bild 3 stehen, ab und ordne sie den Zahlen richtig zu.
2. Beschreibe die Bilder 1–3.
3. Spiele folgende Situation: Eine Horde berät, ob sie bleiben oder ein neues Jagdgebiet aufsuchen soll.
   ▶ *Ein Mitglied der Horde sagt: Lasst uns weiterziehen, denn ...*
4. Erstelle einen Speiseplan für einen Menschen der Altsteinzeit.
5. Versetze dich in eine der Personen in Bild 3 (1–9) und berichte deinen Mitschülerinnen und Mitschülern von deiner Tätigkeit.
6. Erkläre, was nach Ansicht der Wissenschaftlerin (M1) auf den Bildern 1 und 2 verändert werden müsste.
7. Skizziere einen Hirsch oder ein Mammut und notiere, welche Teile des Tieres du wofür nutzen kannst.
   ▶ *Genutzt werden können: das Fell für ... / um ...*

Methode

Ein Museum erkunden

Der Besuch eines Museums ermöglicht es, Geschichte hautnah zu erleben und weitere Informationen zu verschiedenen Themen zu erhalten. Sicherlich gibt es auch in eurer Nähe Museen, in denen ihr euch über verschiedene Epochen und Themengebiete der Geschichte informieren könnt. Es ist dabei möglich, ein Museum selbst zu erkunden, indem man die Ausstellungsstücke, sogenannte Exponate, betrachtet und die dazugehörigen Texte liest.

Viele Museen bieten jedoch auch spannende Angebote speziell für Kinder und Schulklassen. So ein Museumsbesuch muss allerdings gut vorbereitet sein, damit ihr möglichst viel lernt.
Diese Schritte helfen euch, einen interessanten und lehrreichen Museumsbesuch vorzubereiten.

Folgende Hinweise helfen euch bei der Erklärung von Bildern:

Schritt 1
Vorbereitung des Museumsbesuchs

- Welches Museum möchtet ihr besuchen? Zu welchen Themen gibt es dort Ausstellungen?
- Was wollt ihr im Museum lernen?
- Welche besonderen Aktionen/Programme bietet das Museum an?
- Welche Prospekte oder Materialien stellt das Museum für die Vorbereitung des Besuchs zur Verfügung? Fordert diese telefonisch an oder ladet sie von der Homepage des Museums herunter.
- Vereinbart einen Termin für die Besichtigung und Führung. Klärt hierbei auch die Kosten für die Anreise sowie eventuelle Eintrittsgelder.
- Wie sollen die Ergebnisse des Museumsbesuchs festgehalten werden, z. B. mit einem Erkundungsbericht, einem Museumsrätsel oder einer Wandzeitung?

Schritt 2
Durchführung des Museumsbesuchs

- Erfragt am Eingang, welches Programm für euch vorbereitet wurde und ob ihr im Museum fotografieren dürft.
- Durchquert, wenn es möglich ist, erst einmal das gesamte Museum, um einen Überblick zu erhalten.
- Führt anhand eurer Materialien den geplanten Rundgang durch und notiert euch die erfragten sowie weitere interessante Informationen.
- Stellt möglichst viele vorbereitete, aber auch spontane Fragen an den Museumsführer.

Schritt 3
Auswertung und Vorstellung der Ergebnisse

- Nach der Exkursion sichtet ihr das gesammelte Material und beschafft euch, wenn nötig, noch weitere Informationen.
- Erstellt die vorher festgelegte Präsentationsform.
- Was ist bei dem Museumsbesuch gut verlaufen? Was hättet ihr in der Vorbereitung oder Durchführung besser machen können?

1 Bereitet einen Museumsbesuch vor und führt diesen mithilfe der drei Schritte durch.

1 – Schülerinnen und Schüler beantworten Fragen im Rahmen einer Museumsrallye im Staatlichen Museum für Archäologie Chemnitz.

2 – Schülerin testet im Staatlichen Museum für Archäologie Chemnitz das Gewicht eines Wurfspeeres, wie er zur Jagd genutzt wurde.

Bericht über den Museumsbesuch:
Die Klasse 5 a hat sich im Staatlichen Museum für Archäologie (smac) in Chemnitz angemeldet. Der Klassensprecher David hat gemeinsam mit der Geschichtslehrerin Frau Heinze eine Museumsrallye zum Thema „Jäger der Altsteinzeit" vereinbart. Eine Schülerin berichtet der Klassenleiterin von dem Besuch:

Zum Schritt 1: David und Frau Heinze hatten aus den Angeboten des Museums eine Museumsrallye ausgewählt, bei der wir uns speziell über die „Jäger der Altsteinzeit" informieren sollten. Der Eintritt ins Museum war kostenlos, nur die Suchblätter für die Rallye mussten bezahlt werden. Damit nicht an allen gesuchten Ausstellungsstücken zu viele Schüler gleichzeitig stehen, hatten wir bereits in der letzten Geschichtsstunde die Klasse in kleinere Gruppen unterteilt.

Zum Schritt 2: Das smac ist ziemlich groß und sah ganz anders aus als die Museen, in denen ich bisher war. In der Eingangshalle spielte Musik und Platten schwebten nach oben durch alle Etagen. Erst von oben haben wir gesehen, dass die Platten die Umrisse des Landes Sachsen besaßen.
Die Rallye hat großen Spaß gemacht. Wir haben die Fragen in unseren Teams diskutiert und die Antworten in die Suchblätter eingetragen. Diese enthielten verschiedene Aufgaben: Man sollte zum Beispiel bestimmte Antworten in den Ausstellungstexten finden oder im Team diskutieren.

Zum Schritt 3: In der nächsten Geschichtsstunde hatten wir genügend Zeit, um unseren Museumsbesuch auszuwerten. Es ging um die Frage, was wir lieber sein wollen: Jäger und Sammler ohne feste Wohnhäuser oder lieber Bauern mit Haus, Hof, Feldern und Tieren. Jede Gruppe hat dabei ihre Argumente in einer Wandzeitung dargestellt und diese den Mitschülerinnen und Mitschülern präsentiert.

Der Jetztmensch

Was macht den modernen Menschen aus?

1 – Rekonstruktion des Mannes von Djebel Irhoud (Marokko). Er lebte vor etwa 300 000 Jahren und ist damit der älteste bislang gefundene Vertreter des modernen Menschen. Illustration, 2018.

Der Homo sapiens entsteht

Lange Zeit gingen Wissenschaftler aufgrund von Funden in Äthiopien davon aus, dass die Wiege des modernen Menschen vor etwa 200 000 Jahren in *Ostafrika lag. Neue Funde im Westen Marokkos widerlegen diese Zeitangabe jedoch. Die in Djebel Irhoud freigelegten Skelettreste legen den Schluss nahe, dass sich der Homo sapiens bereits vor etwa 300 000 Jahren, also 100 000 Jahre früher über den gesamten Kontinent ausgebreitet hatte. Damit wurde dem Puzzle zur Menschheitsgeschichte ein neues Teil hinzugefügt.

Verändertes Äußeres, neue Fähigkeiten

Der Jetztmensch unterschied sich vom Frühmenschen vor allem durch seine Schädelform und die noch geschickteren Hände. Aber der entscheidende Unterschied bestand in der höheren Leistungsfähigkeit seines Gehirns und seiner großen Anpassungsfähigkeit an wechselnde Bedingungen. Er begann, auch komplizierte Zusammenhänge zu begreifen oder versuchte zumindest, sie sich zu erklären. Wahrscheinlich liegen hier die Anfänge von Religion, Philosophie und des Erzählens von Geschichten und Legenden. Darum wird der Jetztmensch wissenschaftlich auch als Homo sapiens bezeichnet, was „der weise Mensch“ bedeutet.

Der Jetztmensch erobert Europa

Der Homo sapiens wanderte aus Afrika nach Asien und Europa bis nach Australien aus. Schon vor 100 000 Jahren erreichte sein Gehirn eine Größe von ca. 1400 cm^3 und damit die Ausmaße unseres heutigen Gehirns.
Schließlich setzten sich diese weiterentwickelten, ca. 1,70 m großen Jetztmenschen vor ca. 40 000 Jahren gegen andere Menschenarten durch bzw. vermischten sich mit ihnen.

Künstler der Altsteinzeit

Zu den besonderen Fähigkeiten, die den Homo sapiens auszeichneten, gehörte auch das Anfertigen von Kunst (Höhlenmalereien, Skulpturen). So wurden beispielsweise immer wieder Jagdszenen festgehalten. Derartige Abbildungen finden sich vor allem als Höhlenmalereien, die Menschen vor etwa 20 000 Jahren anfertigten. Zu sehen sind Jagdszenen der verschiedensten Tiere jener Zeit. In einer Höhle fanden Forscher sogar alle Utensilien eines Steinzeitkünstlers: Reibsteine zum Zerkleinern der Farben, Pinsel aus Röhrenknochen, in die Haare eingesetzt waren. Daneben lagen Ölfarben aus *Ocker, *Manganerde und *Eisenoxyd, vermischt mit Tierfett und Blut. Nur die Farben Blau und Grün fehlten, da es hierfür wahrscheinlich keine Mineralien gab, die zerrieben werden konnten. Bis heute sind mehr als 130 Höhlen mit derartigen Malereien bekannt. Die bekanntesten befinden sich in der Höhle von Lascaux (Bild 2).
Welchen Zweck diese Bilder erfüllten, ist bis heute unklar.

* Ocker
Sind Erdfarben, die aus Gemischen von Brauneisenstein, Tonmineralen, Quarz und Kalk bestehen.

* Mangan
Ein Metall, das in Form von Manganerde (auch Braunstein genannt) als bräunlicher Farbstoff verwendet werden kann.

* Eisenoxyd
Oxydiertes Eisen; gewöhnlich als Rost bezeichnet.

2 – Felsmalereien in der Höhle von Lascaux/Frankreich. Die Entstehungszeit wurde ursprünglich auf 15 000 v. Chr. datiert. Aufgrund von älteren Funden, die in der Höhle mittlerweile gemacht wurden, wird jedoch angenommen, dass die Bilder schon etwa 19 000 v. Chr. entstanden sein könnten.

M1 Der Frühgeschichtsforscher Herbert Kühn, einer der ersten, der die Höhlen von Lascaux und Trois Frères besichtigen durfte, hielt folgende Eindrücke 1953 fest:

... Riesig ist der Saal, in dem wir stehen. ... Eine ganze Wand ist von oben bis unten bedeckt mit Bildern, mit Gravierungen ... Mit dem Steinmesser ist in die Wand geritzt worden, und da sieht man alle die Tiere, die damals in Südfrankreich lebten: Mammut, Rhinozeros, Bison, Wildpferd, Bär, ..., Rentier, Vielfraß, Moschusochse. Überall sieht man wieder Pfeile, die auf die Tiere zufliegen ... Und alles ist naturhaft, lebensvoll, wirklich. ...
Der Zauberer ist das eigentümlichste Bild der ganzen Höhle. ... Man kann nicht begreifen, wie er [der Künstler] in diese Höhe, fast 4 m über dem Boden, gekommen ist, aber die Zeichnung ist da. Und bei ihr ist auch schwarze Farbe verwendet worden. ... Schrecklich und unheimlich blicken seine großen runden Augen ...
Der Zauberer im Zaubertanz. ... [E]r trägt die Maske eines Hirsches mit großem Geweih, dazu hat er einen langen spitzen Bart ... An den Händen hat er Bärenpfoten, und hinten trägt er den Schwanz eines Wildpferdes. ...

3 – „Der Zauberer". Höhlenmalerei aus der Höhle von Le Trois Frères. Die Entstehungszeit wird auf 15 000 – 10 000 v. Chr. geschätzt.

1. Fertige einen Steckbrief zum Homo sapiens an. Nimm hierzu die Steckbriefe von S. 36/37 zu Hilfe.
2. Nenne die neuen Erkenntnisse für die Entstehung des modernen Menschen, die der Fund der Fossilien in Djebel Irhoud (Marokko) erbracht hat.
   ▶ *Nutze die Form der Steckbriefe als Vorlage (S. 36/37).*
3. Beschreibe die Höhlenbilder unter Zuhilfenahme von M1. Was erkennst du?
4. Es ist nicht genau geklärt, wozu die altsteinzeitlichen Menschen Höhlenbilder malten. Finde Erklärungsversuche. Beziehe dabei auch den „Zauberer" (Bild 3) ein.

Die Jungsteinzeit

Wie änderte sich das Leben in der *Jungsteinzeit?

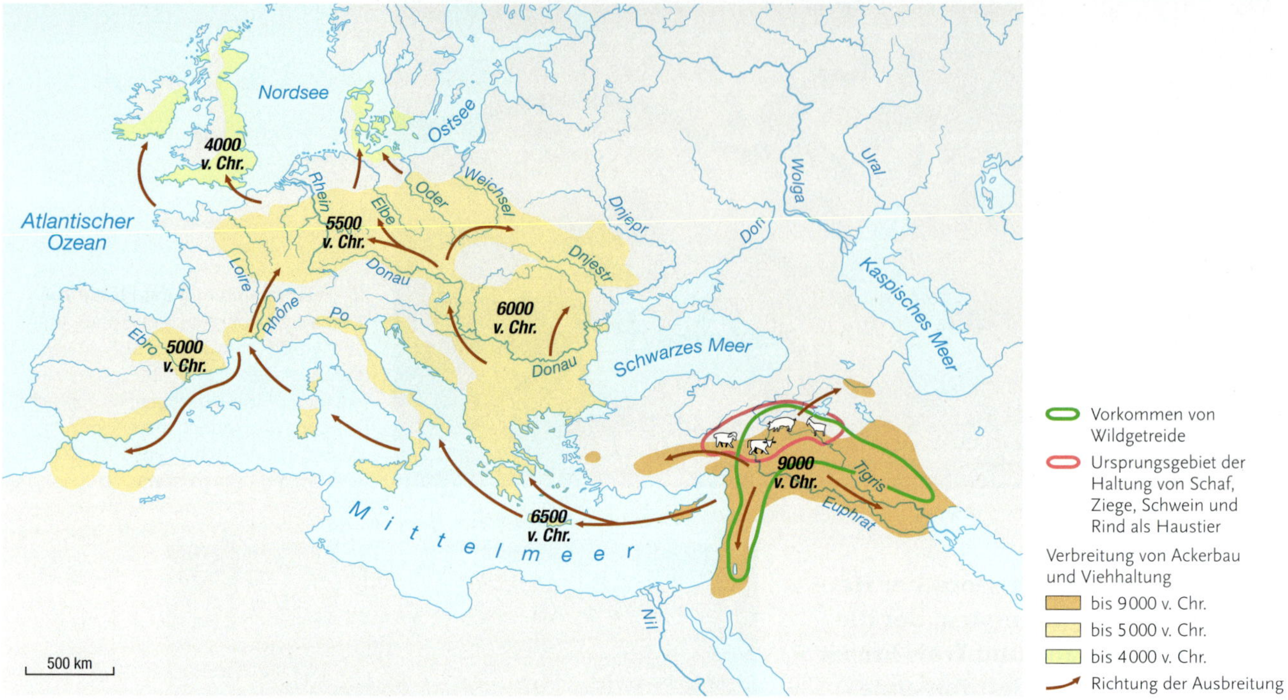

1 – Die Ausbreitung des Ackerbaus nach Europa.

*Jungsteinzeit
In dieser Zeit (10000 bis ca. 3000 v. Chr.) gingen die Menschen zum Ackerbau und zur Viehzucht über. Sie wurden sesshaft und lebten in Siedlungen.

*Weizen
Urformen waren Emmer und Einkorn.

*vorderer Orient
Umfasst in etwa heute folgende Staaten: Irak, Syrien, Libanon, Israel, Palästina und Jordanien.

Wandern oder bleiben?

Während die Menschen in Europa noch als umherziehende Jäger und Sammler lebten, breitete sich etwa vor 12 000 Jahren im *vorderen Orient (Karte 1) eine andere Lebensweise aus. Verantwortlich dafür war das Ende der letzten Eiszeit. In der Folge kam es zu starken Regenfällen. Gerste und *Weizen, die hier ohnehin schon wild wuchsen, breiteten sich rasch aus. So gab es bald mehr Wildgetreide, als die Menschen während der Reifezeit verbrauchen konnten. Sie begannen, die Getreidekörner in Erdgruben aufzubewahren. Mit diesen Vorräten konnten sie ihre Ernährung über Wochen und Monate sichern. Aufgrund dieser Entwicklungen und der sichelmondartigen Form wird dieses Gebiet auch „Fruchtbarer Halbmond“ genannt.

Etwa 9000 v. Chr. lernten die Menschen auch Schafe, Ziegen und Wildschweine zu zähmen.

Es dauerte noch einige tausend Jahre bis dieser Fortschritt nach Europa kam.

Ackerbau und Viehzucht

Bei der Aufbewahrung der Getreidekörner in den Erdgruben machten die Menschen vermutlich die Beobachtung, dass das Korn auskeimt und sich daraus neue Pflanzen entwickeln. Bis zur planmäßigen Aussaat sollte es aber noch dauern, denn viele Erfahrungen der Pflanzenzucht mussten sorgfältig zusammengetragen werden (z. B. Wassermenge, Sonne, fruchtbare Erde). Neben dem Ackerbau begannen die Menschen nun auch Tiere zu züchten und zu halten. Diese lieferten den Menschen neben Fleisch und Fett auch Milch und wärmende Wolle.

Da die Ernährung nun über das Jahr gesichert war, konnten die Menschen an einem Ort bleiben. Sie bauten zunächst Hütten, dann feste Häuser und gründeten mit der Zeit auch kleine Dörfer. Sie wurden sesshaft. Gleichzeitig nahm die

2 – Bau eines Hauses in der Jungsteinzeit. Rekonstruktionszeichnung.

Bevölkerungszahl zu und das fruchtbare Land reichte nicht mehr aus. So machten sich ganze Gruppen auf die Suche nach neuen Siedlungsgebieten. Etwa 6000 v. Chr. ließen sich die ersten Ackerbauern und Viehzüchter in Mitteleuropa nieder. Erste Quellen für die Sesshaftigkeit auf dem Gebiet des heutigen Sachsens finden sich ab ca. 5500 v. Chr. Weil sich das Leben der Menschen im Übergang von der Alt- zur Jungsteinzeit stark veränderte spricht man heute von einer „Revolution", der *neolithischen Revolution.

Wohnen im Langhaus

Eine Wohnform in der Jungsteinzeit ist das sogenannte Langhaus. Gebäudereste lassen darauf schließen, dass diese eine Größe von 20 × 8 Metern besaßen. Das entspricht etwa der Fläche einer Garage, in der vier Autos hintereinander und vier Autos nebeneinanderstehen können. Wahrscheinlich lebten 20 bis 30 Menschen in einem Langhaus. Meistens wurden sie als Wohn- und Lagerhaus genutzt. Mit der Ausbreitung dieses Haustyps nach Europa wurden Teile der Häuser auch als Ställe für das Vieh verwendet. Handwerkliche Tätigkeiten mussten in den fensterlosen Häusern im Eingangsbereich oder auf einem überdachten Vorplatz verrichtet werden. Eine in der Mitte der Langhäuser befindliche Feuerstelle diente der Nahrungszubereitung. Aufgrund der Größe der Gebäude ist anzunehmen, dass bei ihrem Bau wahrscheinlich alle Bewohner eines Dorfes zusammenarbeiteten.
Funde beweisen, dass man zunächst große Balken miteinander verband, die Zwischenräume mit einem Geflecht aus Zweigen auffüllte und alles schließlich mit Lehm verschmierte. Für die Dächer wurde aus Ästen eine Unterkonstruktion angefertigt und dann mit Schilfrohr eine wasserdichte und dämmende Schicht aufgebracht.
Neben Langhäusern gab es jedoch auch Einraumhäuser, in denen jeweils eine Familie wohnte. Dazu gehörten gesonderte Vorratshütten und häufig auch Schutzbauten für das Großvieh wie Rinder, Pferde, Schweine, Schafe.

* **neolithisch**
Wortbildung aus neos (griech. „neu") und lithos (griech. „Stein") zum Begriff „Jungsteinzeit".

1 Sieh dir die Karte an und nenne mithilfe eines Atlas' die heutigen Länder, in denen der Ackerbau zuerst entstand. Beschreibe die Ausbreitung bis Europa.

2 Beschreibe Bild 2.

3 Erkläre anhand von Bild 2 und des Textes, was sich in der Jungsteinzeit gegenüber der Altsteinzeit verändert hat. Zeige anschließend die Unterschiede in einer Tabelle auf.

Altsteinzeit	*Jungsteinzeit*
Wohnen in Zelten oder einfachen Hütten	...

4 Als Reporter „Jungstein" reist du in die Zeit vor etwa 7000 Jahren und schreibst eine Reportage über das Leben in einem jungsteinzeitlichen Dorf.

▶ *Überlegt euch entsprechende Fragen an die Dorfbewohner. Notiert euch mögliche Antworten der Personen aus Bild 2. Denkt dabei an Stichworte wie Hausbau, Feldanbau, Ernte, Aufbewahrung der Nahrungsmittel und Viehhaltung.*

Welche neuen Techniken entstanden?

Steinaxt aus der Jungsteinzeit, ca. 2500 v. Chr.
Der Stiel ist aus Hirschgeweih, die Axt selbst aus Feuerstein.

1 – Neue Techniken und Geräte in der Jungsteinzeit. Illustration.

a Töpferwaren
b Webstuhl
c Steinbohrer
d polierte Steinaxt
e Räderwagen
f Pflug

* Spezialisierung
Die Menschen machten sich mit einem bestimmten Bereich (z. B. der Herstellung von Tongefäßen) besonders vertraut.

* Steinaxt
Hierbei handelt es sich um ein Instrument der Jungsteinzeit, das sowohl als Waffe als auch zum Fällen von Bäumen und dem Spalten von Holz genutzt werden konnte. Der Stein wurde so lange bearbeitet, bis er scharf genug war, diese Tätigkeiten damit zu erledigen. Der Kopf der Steinaxt wurde meist an einem Holzstab befestigt.

* Grabstock
So nennt man einen ca. einen Meter langen, oben zugespitzten Holzstab, mit dem kleine Löcher zum Einsetzen von Setzlingen in die Erde gebohrt werden konnten. Mit ihm konnten auch Erdschollen umgewendet und Wurzeln ausgegraben werden.

Neue Techniken

Mit der Sesshaftigkeit veränderte sich das Leben der Menschen erheblich. Neue Techniken brachten Vorteile und erforderten gleichzeitig *Spezialisierung und Arbeitsteilung.
Der Häuserbau, das Roden von Wäldern für neue Anbauflächen und die Bearbeitung der Felder machten bessere Werkzeuge und Geräte nötig. Die Bohrtechnik und das Polieren von Steinwerkzeugen ermöglichten die Verbesserung wichtiger Werkzeuge wie der *Steinaxt (Bild 3). Der hölzerne Pflug ersetzte den *Grabstock und den Spaten. Der Boden konnte besser gelockert werden. Die Bearbeitung der Felder erfolgte schneller und leichter, blieb aber dennoch mühsam. Der Ernteertrag stieg. Gebrannte Tongefäße halfen bei der Vorratshaltung. Das Spinnen und das Weben wurden weiterentwickelt und verfeinert. Wie aber in der Gemeinschaft Entscheidungen getroffen wurden, darüber gibt es nur Vermutungen.

Als die ersten Räder rollten

In jedem Jahr musste die Ernte oder das Stroh von den Feldern in die Dörfer gebracht werden. Die gesamte Familie half mit, alles zu den Scheunen oder Vorratshäusern zu tragen. Auch die Kinder mussten ihre Eltern in der Landwirtschaft unterstützen – vermutlich ab dem sechsten Lebensjahr. Wissenschaftler schließen dies aus Schäden an Kinderskeletten, die vermutlich durch das Tragen zu schwerer Gegenstände hervorgerufen wurden.
Durch die Erfindung von Rad und Wagen um 3500 v. Chr. konnten schwere Lasten leichter und über größere Entfernungen transportiert werden: landwirtschaftliche Geräte und Ernteerträge ebenso wie Baumaterialien für Häuser. Gezogen wurden die Wagen von Ochsengespannen. Seit etwa 2000 v. Chr. spannte man auch Pferde vor die Wagen. Jetzt konnte man größere Strecken im Fernhandel, bei dem wichtige Materialien wie Feuerstein oder Kupfer gehandelt wurden, leichter überwinden.

2 – Nachbau eines jungsteinzeitlichen Webstuhls im Museum für Vor- und Frühgeschichte Berlin.

3 – Mit Bast dekoriertes Tongefäß der *Bandkeramik-Kultur. Gefunden in einem jungsteinzeitlichen Brunnen in Altscherbitz bei Leipzig.

Werkzeug machen, töpfern, weben
Schon im 19. Jahrhundert wurde die Jungsteinzeit auch als „Epoche des geschliffenen Steins“ bezeichnet. Für viele scheint es bis heute unvorstellbar, dass es möglich ist, mit Steinen andere Steine zu sägen und diese anschließend durch Schleifen zu Beilen zu formen. Aber genau das beweisen viele Gegenstände, die Archäologinnen und Archäologen oft in alten Brunnen, wie dem von Altscherbitz (Landkreis Nordsachsen), fanden. Dort konnten auch vollständige Keramikgefäße, die mit bandähnlichen Verzierungen versehen waren, geborgen werden. Dies war eine Besonderheit, denn zuvor hatte man meist nur einzelne Scherben aus dieser Zeit an anderen Ausgrabungsorten gefunden. Einzigartig war auch die Erkenntnis, dass die Töpfer jener Zeit ihre beschädigten Gefäße mit Birkenpech klebten und überzogen. Ebenso sensationell war der Fund eines Rindenbastbeutels, der wahrscheinlich zum Schöpfen von Wasser diente.
Immer wieder finden Archäologinnen und Archäologen auch *Spinnwirtel oder Webgewichte, die Aufschluss darüber geben, dass bereits Stoffe während der Jungsteinzeit produziert wurden. Genutzt wurden hierzu Webrahmen oder einfache Standwebstühle mit Gewichten. Als Rohstoffe dienten ihnen Flachs und Schafwolle.

Arbeitsteilung
Die Herstellung der neuen Geräte erforderte nicht nur viel Zeit, sondern auch Übung und Geschick. So entwickelte sich mit der Zeit eine Arbeitsteilung. Für besonders schöne und begehrte Werkzeuge gab es schließlich Spezialisten – die ersten Handwerker. Sie tauschten ihre Erzeugnisse oft gegen Lebensmittel, da sie zur Feldarbeit selbst kaum Zeit hatten.

* Spinnwirtel
Hierbei handelt es sich um ein Werkzeug zum Verspinnen von Fasern, also zur Herstellung von Fäden.

* Bandkeramik
Die ersten Bauern in Mitteleuropa werden aufgrund ihrer Muster auf Keramikgefäßen Bandkeramiker genannt. Sie verzierten ihre Gefäße mit bandähnlichen Ornamenten und Wellenlinien.

1 Betrachte das Bild 1. Schreibe die Begriffe aus der Legende ab und ordne sie den Zahlen zu.
2 Erläutere mithilfe des Textes die Bedeutung der Erfindung von Rad und Wagen für den Alltag der Menschen.
3 Vergleiche die Steinaxt (S. 46, Randspalte) mit dem Faustkeil (S. 36, Randspalte). Welchen Fortschritt kannst du feststellen?
▶ *Halte zunächst Gemeinsamkeiten und Unterschiede im Äußeren der Werkzeuge fest und denke dann über Vorteile der Steinaxt nach.*
4 Schreibe einen kleinen Zeitungsartikel über die Funde in Altscherbitz. Nimm dabei Bezug auf Bild 3.
▶ *Überlege dir eine passende Überschrift für deinen Artikel. Verfasse dann den Text, indem du auf besondere Funde eingehst, die in Altscherbitz geborgen wurden und welche Bedeutung sie für die Erforschung der Jungsteinzeit haben.*

Jäger und Sammler treffen auf Bauern und Viehzüchter

Schauplatz Geschichte

Der Wandel von der Altsteinzeit zur Jungsteinzeit vollzog sich sehr langsam. Lange existierten beide Lebensformen nebeneinander. Auf dieser Schauplatzseite begegnen umherziehende Jäger und Sammler sesshaft gewordenen Ackerbauern und Viehzüchtern.

Bildet Gruppen und bearbeitet eine der Aufgaben 1–3. Stellt eure Ergebnisse den anderen Gruppen anschließend vor.

1 Das Mädchen rechts im Bild entdeckt am Waldrand eine Gruppe nomadischer Jäger und Sammler. Sie macht die übrigen Dorfbewohner darauf aufmerksam. Wählt drei Personen aus und schreibt auf, welche Gedanken diesen durch den Kopf gehen könnten. Eine Person antwortet auf die Aussage des Mädchens.

2 Die Gruppen begegnen sich im Anschluss feindlich. Die Dorfbewohner lehnen die „Herumtreiber" von vornherein ab. Stellt diese Situation in einem Rollenspiel dar.
- *Die Bauern und Handwerker beobachten misstrauisch, wie sich die Nomaden dem Dorf nähern. Ein Bauer ergreift das Wort: „Verschwindet von hier und lasst unser Vieh in Ruhe …"*

3 Die Gruppen begegnen sich freundlich und sehen in der Begegnung Vorteile.
- *„Wir können weiterhin auf die Jagd gehen und euch mit Wildfleisch versorgen …"* Spielt diese Situation.

Fortschritt durch Metall

Welche Neuerungen brachte die Metallzeit?

1 – Kupfergewinnung. Illustration.

2 – Verarbeitung von Kupfererz. Illustration.

* Bronzezeit
Periode in der Menschheitsgeschichte, in der Metallgegenstände vor allem aus Bronze hergestellt wurden. In Mitteleuropa etwa in der Zeit 2200–800 v. Chr.

* Eisenzeit
Zeitabschnitt, in dem bevorzugt Eisen zur Herstellung von Werkzeugen und Waffen genutzt wurde. In Mitteleuropa war dies etwa in der Zeit zwischen 700 v. Chr. und dem 5. Jahrhundert n. Chr.

Metalle – neue Werkstoffe

Die Menschen bemühten sich schon während der Jungsteinzeit ständig um eine Verbesserung ihrer Geräte. Steinwerkzeuge gingen schnell kaputt und mussten dann mühevoll erneuert werden. Auf der Suche nach neuen Werkstoffen entdeckten die Menschen das Metall.

Metall findet sich in einigen Gesteinsarten – man bezeichnet sie dann als Erze. Wie die Menschen die Bedeutung dieser Erze damals herausfanden, lässt sich nur vermuten. Das zuerst genutzte Kupfer war jedoch relativ weich, weshalb es bevorzugt für Schmuck und Herrschaftssymbole genutzt wurde.

Im 3. Jahrtausend v. Chr. wurde dann eine neue vorteilhaftere Metalllegierung, die Bronze, gefunden. Diese besteht aus neun Teilen Kupfer und einem Teil Zinn. Viele *bronzezeitliche Bergwerke wurden inzwischen von Archäologen untersucht. Deshalb lässt sich die Bronzeherstellung gut nachvollziehen: Mit starkem Feuer erhitzten die Bergleute zunächst die Gesteinswand und schütteten anschließend kaltes Wasser dagegen. Dadurch bildeten sich Risse in der Wand und Gesteinsbrocken konnten herausgeschlagen werden. Die zerkleinerten Kupfererzbrocken wurden mit einer Winde und Seilen nach oben gebracht. Dort wurde das Erz mit Hämmern bis auf Nussgröße zerkleinert und danach mit Handmühlen gemahlen. In einem mit Wasser gefüllten Trog sank das schwere Metall nach unten und konnte so herausgefiltert werden. Anschließend wurde das feinkörnige Erz erhitzt, damit sich der Schwefel, der sich im Erz befindet, verflüchtigt. Zum Schluss kam das Kupfer zusammen mit dem Zinn in den Schmelzofen, der mit Holzkohle gefüllt war und zwei Löcher zur Belüftung besaß.

Mit einem Blasebalg brachte man die Kohle zum Glühen. Wenn eine Temperatur von etwa 1100 Grad erreicht war, schmolzen beide Metalle, flossen in die vorbereiteten Formen und erkalteten. Hieraus konnten jetzt die benötigten Gegenstände, Waffen und Schmuck hergestellt werden.

Ab etwa 800 v. Chr. setzte sich ein noch anderes Metall durch: das *Eisen. Es war besser zu bearbeiten und wesentlich härter.

3– Die Himmelsscheibe von Nebra. Foto, 2004.

Ein Himmel aus Bronze

Die älteste und bekannteste Darstellung des Himmels besteht ebenfalls aus Bronze. Die Himmelsscheibe von Nebra. Sie wurde 1999 von Raubgräbern auf dem Mittelberg in der damaligen Gemeinde Ziegelroda, nahe der Stadt Nebra, in Sachsen-Anhalt gefunden. Im Jahre 2013 nahm die *UNESCO die Himmelsscheibe von Nebra in ihr Register des Weltdokumentenerbes „Memory of the World" (Gedächtnis der Welt) auf.

* UNESCO
(engl. United Nations Educational, Scientific and Cultural Organization = Organisation der Vereinten Nationen für Bildung, Wissenschaft und Kultur)
Die Organisation hat es u. a. sich zur Aufgabe gemacht, das kulturelle Erbe der Menschheit zu erhalten.

M1 Eine Zeitung berichtete am 24. Februar 2002:

Nach drei Jahren Fahndung ist es der Polizei nun endlich gelungen, die Diebe zu fassen, die die Himmelscheibe von Nebra illegal ausgegraben und verkauft haben. In der Umgebung des Fundortes existieren mehr als 1000 Hügelgräber, weshalb das Gebiet bereits seit vielen Jahren archäologisch erforscht wird.
Um die Räuber zu überführen, gaben sich einige Polizisten als Antiquitätensammler aus und fuhren in die Schweiz. Auf der Scheibe sind mehrere aus Gold gefertigte Sterne, ein Mond und wahrscheinlich die Sonne abgebildet. Der grünliche Hintergrund ist dem feuchten Boden geschuldet, in dem das vermutlich 3600 Jahre alte Fundstück lag.
Leider kam es zu Beschädigungen, als sie 1999 von den Dieben mit einem Hammer geborgen und mit Wasser und Bürste gereinigt worden war. Die Himmelsscheibe ist 2 Kilogramm schwer, 32 cm breit und 2,4 mm dick und damit sehr zerbrechlich. Den Dieben war scheinbar nicht bekannt, dass es sich bei der Scheibe um die zweitälteste bekannte Abbildung des Nachthimmels handelt. Ihren genauen Zweck kann man nur vermuten. Möglicherweise handelt es sich um einen frühen Kalender oder sie diente religiösen Zwecken.

1. Betrachte die Zeichnungen 1 und 2. Ordne anschließend mithilfe des Texts die folgenden Begriffe den Ziffern zu: geschmolzenes Kupfererz – Luftzufuhr mit dem Blasebalg – Trennung des Erz von minderwertigem Gestein – Zerkleinerung der Gesteinsbrocken – Erhitzen der Gesteinswand mit Feuer und Abkühlen mit Wasser – Einfüllen des Kupfererzes in den Ofen – Transport der Erzbrocken mit Winde und Seilen – Schichten von Holzkohle und Erz.
2. Vergleiche die Werkstoffe der Steinzeit (Steine, Holz, Knochen) mit denen der Metallzeit und erstelle eine Liste, in der du Vor- und Nachteile aufführst.
3. Du weißt schon aus dem Kapitel 1, wie Archäologinnen und Archäologen arbeiten. Zähle anhand des Textes und M1 auf, welche Fehler die Räuber machten.
4. Recherchiere mithilfe des Internets, wo die Himmelscheibe von Nebra heute besichtigt werden kann. Finde heraus, welche Entdeckungen die Diebe beim Fund der Scheibe ebenfalls machten.

▶ *Nimm hierfür die Methode „Im Internet recherchieren" von S. 132 zu Hilfe. Der Webcode hilft dir bei der Internetrecherche.*

Webcode: EV658268-051

Welche Folgen hatten die Entwicklungen der Metallzeit?

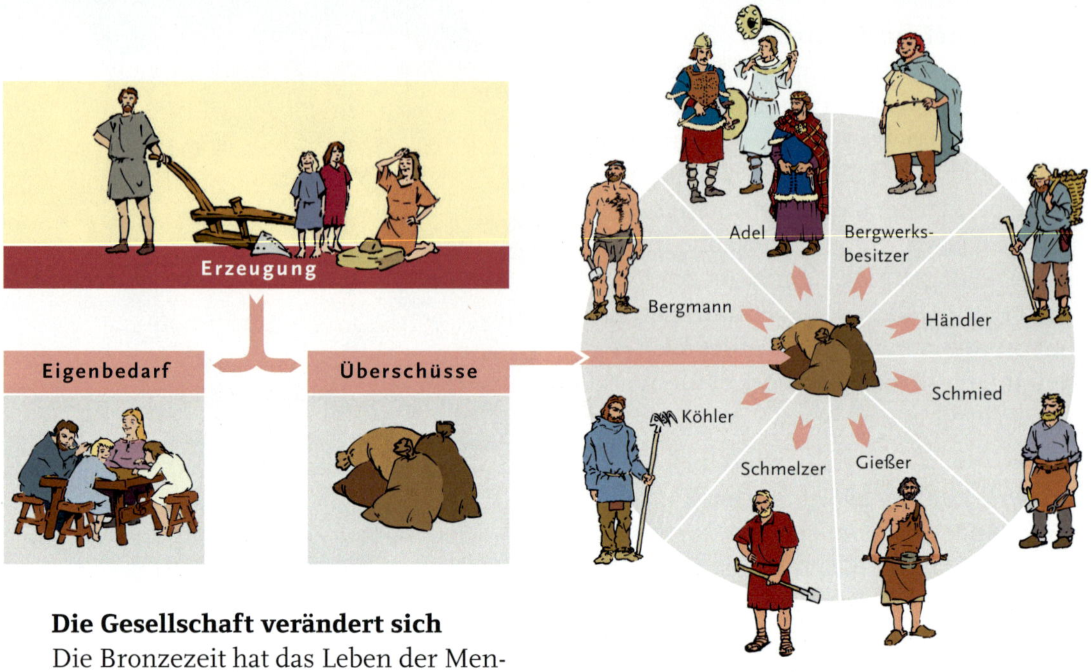

1 – Veränderungen in der Metallzeit. Schaubild.

Die Gesellschaft verändert sich

Die Bronzezeit hat das Leben der Menschen stark verändert. Seit die Bronze bekannt war, wollten immer mehr Menschen Werkzeuge, Waffen und Schmuck aus dem neuen Metall haben. Dies führte dazu, dass sich an vielen Orten die Bronzeherstellung als Handwerk entwickelte. Viele Geräte, z. B. Sicheln für den Ackerbau (Schneiden von Gräsern und Ernten von Getreide), wurden in ganzen Serien gegossen.

Wer mit der Bronzeherstellung beschäftigt war, konnte nicht gleichzeitig Ackerbau und Viehzucht betreiben. Generell begannen nun die Handwerker ihre Produkte gegen Lebensmittel einzutauschen. Vermutlich begann in dieser Zeit verstärkt der Tauschhandel – Getreide gegen Metallbarren, wodurch einige Bauern zu Reichtum und Wohlstand gelangten (Bauernfürsten).

Es wurde nun aber auch gezielt damit begonnen, mehr Waren zu produzieren als in der eigenen Siedlung gebraucht wurden. Diese konnten dann wiederum durch umherziehende Händler gegen andere Produkte eingetauscht werden. Sehr begehrt bei den Menschen der Bronzezeit waren z. B. Salz und Bernstein.

Reich und mächtig wurden wahrscheinlich in dieser Zeit auch Händler, die ein verzweigtes Handelsnetz aufbauten (Handelsfürsten).

Diese knüpften sogar Handelsbeziehungen zu Herrschern weit im Osten.

Bestattet wurden die Angehörigen dieser reicheren Schichten in sogenannten Hügelgräbern. In diesen wurden kostbare Grabbeigaben gefunden, wie kostbare Goldschmuck, wertvolle Bronzewaren und sogar Glasperlen aus Ägypten.

Es wird angenommen, dass aus der Reihe der wohlhabenden Bauern einige zu regionalen Herrschern wurden und dass sie genügend Lebensmittel produzierten, um zusätzlich Männer auf dem Hof zu beschäftigen. Mit diesen konnten die Bauernfürsten die Dörfer und ihre Umgebung vor räuberischen Überfällen beschützen, aber auch selbst auf Beutezug gehen. In den Gebieten, in denen die Fürsten für Schutz sorgten, gewannen sie mit der Zeit an politischer Macht.

Forscher sind der Ansicht, dass sich in der Bronzezeit zum ersten Mal größere Gemeinschaften, also Völker bildeten.

V. I. P.

Name: Ötzi – der Mann aus dem Eis

Lebensdaten: Zwischen 3359 und 3105 v. Chr. (also vor mehr als 5000 Jahren) am Ende der Jungsteinzeit, bei seinem Tod in den Ötztaler Alpen (3210 m Höhe) war er etwa 45/46 Jahre alt.

Familie: wahrscheinlich gehobene Stellung (Kupferbeil)

Was ist bekannt?
- Ötzi war zwischen 1,57 – 1,61 m groß, ca. 50 kg schwer, dunkle Haare und Bart.
- Er wurde von einem Pfeil in die Schulter getroffen, was vermutlich zu seinem Tode geführt hat. 24 Stunden zuvor war er in einen Kampf verwickelt gewesen, da er an der Hand viele Abschürfungen und Prellungen hatte. Weiterhin hatte er eine schwere Kopfverletzung, die auf einen Sturz oder einen Schlag auf den Kopf hindeutet.
- Gegenstände bei ihm: Steinbohrer, Kupferbeil, Feuersteindolch (stammt aus der Nähe des Gardasees/Italien), Bogen, Teile von Pfeilen, Köcher, Rückentrage, Fangnetz zur Vogel- und Hasenjagd, Gefäße aus Birkenrinde
- Kleidung: Mütze, Lendenschurz, Fellmantel, Fellhose, Schuhe, Gürteltasche,
- 61 kleine Tätowierungen befinden sich an verschiedenen Stellen des Körpers (evtl. zur Linderung von Schmerzen).
- Wenig verbrauchte Gelenke lassen vermuten, dass er weniger stark körperlich arbeitete.
- Kupferreste im Haar: Eventuell war er an der Kupfergewinnung beteiligt

Was bleibt?
Es handelt sich bei Ötzi um die einzige komplett erhaltene Mumie dieses hohen Alters. Seine Ausrüstung und seine Kleidung ermöglichen einen Einblick in das Leben der beginnenden Kupferzeit vor etwa 5300 Jahren.

M1 Auf der Homepage des Südtiroler Archäologiemuseums heißt es:
... Es handelt sich ohne Zweifel um einen Erwachsenen männlichen Geschlechts. Sein Alter beträgt aufgrund der Knochenstruktur ungefähr 45 Jahre. Der Mann war zu Lebzeiten etwa 1,60 m groß. Er war schlank ... und dürfte um die 50 kg gewogen haben.
Seine Haare ... waren dunkel und gewellt. Er trug sie mindestens schulterlang und vermutlich offen. Neben Büscheln von menschlichem Haupthaar konnten an der Fundstelle auch kürzere krause Haare geborgen werden. Demnach trug der Mann mit großer Wahrscheinlichkeit einen Bart. ...

1 Betrachte das Schaubild 1 und nenne die Berufe der Bronzezeit. Überlege dir, welche Berufe es in der Steinzeit noch nicht gegeben hat.

2 Ötzi fiel einem Verbrechen zum Opfer. Stell dir vor, du musst zum möglichen Tathergang ein Protokoll aufnehmen, wie es die Polizei heute bei Verbrechen tut. Verfasse dieses Protokoll mit Angaben zum Opfer und Fundort des Mannes sowie Vermutungen über den Tathergang anhand Steckbriefs sowie M1.

3 Lies den Steckbrief aufmerksam durch und filtere heraus: Das weiß man sicher: Ötzi war tätowiert und ... – Das vermutet man: Möglicherweise musste Ötzi keine schweren Arbeiten verrichten, weil seine Gelenke wenig verbraucht waren.

5 Verfasse eine Erzählung „Vom Händler zum Fürsten der Bronzezeit“.

▶ *Überlege dir zunächst, wie der Händler reich geworden ist, und denke dir dann eine Geschichte dazu aus.*

Geschichte vor Ort

Die Besiedlung Sachsens

1 – Grabungsfoto zu Beginn umfangreicher archäologischer Untersuchungen in Markkleeberg (bei Leipzig) in den Jahren 1999–2001.

Wie alles begann – erste menschliche Spuren im heutigen Sachsen

1895 stieß der Geologe Frank Etzold in einer Kiesgrube in der Nähe von Markkleeberg auf verschiedene Funde: Überreste eines Mammutschädels und seltsam geformte Feuersteinstücke. Seine Entdeckungen behielt er zunächst für sich, sodass es 10 Jahre dauern sollte, bis Karl Herrmann Jacob die Funde öffentlich machte. Viele *Steinartefakte wurden in der Folgezeit aus Kiesgruben bei Markkleeberg geborgen und sind heute in verschiedenen Museen Europas zu bestaunen.

Diese Funde belegen eindeutig, dass sich vor ca. 280 000 Jahren Gruppen von altsteinzeitlichen Jägern und Sammlern über einen längeren Zeitraum in diesem Gebiet aufhielten. Damit ist auch bewiesen, dass schon in jener Zeit die Menschen an die Besiedlung eiszeitlicher Kältesteppen angepasst waren.

Siedlungsspuren des Homo sapiens

Zum festen Lebensraum des Homo sapiens gehört Sachsen nach archäologischen Erkenntnissen vermutlich erst seit ca. 14 500 Jahren. Beweise liefern Feuersteinwerkzeuge, die zumeist in der Nähe von Flüssen gefunden wurden. Der bekannteste Fundort einer Lagerstätte liegt bei Groitzsch, nahe Eilenburg (siehe hierzu auch M1). Weitere Fundstellen gibt es bei Burk nahe Bautzen, aber auch um Rochlitz, bei Riesa, Döbeln, Pirna, Meißen und Großenhain.

Beginn der Metallzeit in Sachsen

Etwa um 1500 und 1300 v. Chr. gelangten aus Südosteuropa Zuwanderer nach Sachsen und brachten ihre Kenntnisse der Metallverarbeitung mit. Es entstand die Lausitzer Kultur. Ihre Mitglieder waren kunstfertige Handwerker, wie Funde von hauchdünnen Bronzegefäßen und kunstvollen Bronzenadeln zeigen.

Sie bestatteten ihre Toten, indem sie sie verbrannten und ihre Asche in Urnen beisetzten. Auf den von ihnen angelegten Gräberfeldern, z. B. in Liebersee oder Niederkaina konnten viele Grabbeigaben gefunden werden. Hierzu gehörten beispielsweise Werkzeuge und Schmuck aus Bronze. Sie müssen eine fortschrittliche Landwirtschaft betrieben haben, die

*Steinartefakte
Von Menschenhand bearbeitete Gegenstände.

*Lausitzer Kultur
Eine bronzezeitliche Kultur, die in Ost-Mitteleuropa (Polen, Slowakei und Sachsen) auch auf dem Gebiet Sachsens siedelte. Sie hinterließ Siedlungen und Urnengräberfelder, wodurch wir Kenntnis von ihr haben.

1 Hortfund von Kyhna (Delitzsch). Entstanden ca. 2000 v. Chr.
2 Handspitze aus Markkleeberg.
3 Schieferplättchen mit Pferdekopf aus Groitzsch. Entstanden ca. 12 500 v. Chr.
4 Prunkbeil von Schweta, Kreis Torgau-Oschatz. Entstanden ca. 2000 v. Chr.
5 Hauchdünne Bronzegefäße aus Riesa-Gröba, Ortsteil von Riesa. Entstanden ca. 1000 v. Chr.

2 – Bedeutende archäologische Funde sowie Museen in Sachsen.

auch in kargen Sandgegenden gute Ernten einbrachte.
Einige Siedlungen wurden durch größere Burganlagen geschützt, von denen auch heute noch Überreste vorhanden sind. In Diesbar-Seußlitz finden sich heute noch drei dieser Burgen. Ihre Wälle waren bis zu 12 m hoch und aus Holz und Erde errichtet. Sie dienten offensichtlich dem Schutz von Verkehrswegen und waren in Kriegszeiten Zentren der Verteidigung eines Stammes der Lausitzer Kultur. Hier konnten sich in Friedenszeiten Handel und Handwerk entfalten.

M1 Im Ausstellungskatalog des Staatlichen Museums für Archäologie Chemnitz wird geschildert, wie das Leben der Jäger und Sammler bei Groitzsch ausgesehen haben könnte:
... Ein klarer Morgen bricht an. ... [Die Jäger] sind noch in der Dunkelheit aufgebrochen. Hoffentlich haben sie Jagdglück. Seit ich klein war, sind wir schon einige Male an diesem schönen Ort gewesen. Die Gegend ist wildreich. Vor allem Pferde gibt es. Aber auch essbare Pflanzen und Beeren sind reichlich vorhanden. ... Der Fluss liefert frisches Wasser und selbst Stein zum Herstellen unserer Werkzeuge ist reichlich vorhanden.

1 Sieh dir die Karte an. Stelle fest, ob es auch in der Nähe deines Wohnortes wichtige Fundplätze aus der Ur- und Frühgeschichte gibt.
2 Erkläre die Bedeutung der Funde von Markkleeberg.
3 Stelle Vermutungen an, warum Sachsen erst vor etwa 14 500 Jahren besiedelt wurde.
4 Beschreibe die Entstehung der Lausitzer Kultur und ihre Bedeutung für den sächsischen Raum.
5 Erkläre anhand von M1, warum bei Groitzsch ein günstiger Platz für das Aufschlagen eines Lagerplatzes war.
6 Schreibe die Geschichte in M1 weiter. Was erlebt der Junge/das Mädchen, nachdem die Jäger erfolgreich zurückkehren.
▶ *Als die Männer von der Jagd zurückkamen ...*

Methode

Sachtexte bearbeiten und verstehen

Arbeit mit Sachtexten
Sachtexten begegnest du sehr häufig, nicht nur in Lehrbüchern. In ihnen werden wichtige Ergebnisse aus Wissenschaft und Forschung zusammengetragen. Oftmals ist es schwer, Sachtexte zu verstehen, weshalb man in kleinen Schritten vorgehen sollte. Die Fünf-Schritt-Lesemethode kennst du vielleicht schon aus dem Deutschunterricht.

Fürstengräber der Kelten
Die Kelten waren in ihrer Zeit berühmt für die Eisenverarbeitung. Sie galten als Meister der Metallzeit. Durch Ausgrabungen von keltischen Gräbern können Archäologinnen und Archäologen heute diese Behauptung beweisen. Die Ergebnisse sind im Sachtext auf der nächsten Seite zusammengefasst.

Folgende Hinweise helfen dir bei der Erarbeitung von Sachtexten:

Schritt 1 **Überfliegen des Textes**	■ Lies den Text einmal grob durch. Überfliege ihn. ■ Beachte auch Zwischenüberschriften und Bilder oder Zeichnungen. ■ Halte fest: Um welches Thema geht es? Was weißt du schon darüber? Was möchtest du noch wissen?
Schritt 2 **Fragen stellen**	■ Beantworte die W-Fragen: Wer? – Was? – Wann? – Wo? – Wie? – Warum?
Schritt 3 **Genaues Lesen, Unbekanntes klären, Schlüsselwörter markieren**	■ Lies den Text erneut durch. Kläre die Bedeutung unbekannter Wörter. ■ Kennzeichne unklare Stellen mit einem Fragezeichen. ■ Markiere wichtige Stellen und Schlüsselwörter im Text, z. B. mithilfe eines Textmarkers oder durch Unterstreichen.
Schritt 4 **Gliedern des Textes**	■ Unterteile den Text in Abschnitte. Orientiere dich dabei an der Textstruktur. (Absätze) ■ Formuliere zu den einzelnen Abschnitten Teilüberschriften, die den Inhalt des jeweiligen Textteils wiedergeben.
Schritt 5 **Formulieren des Textes**	■ Formuliere den Inhalt des Textes mithilfe der Zwischenüberschriften und markierten Textstellen. ■ Kontrolliere, welche W-Fragen (Schritt 2) beantwortet wurden.

1 Kopiert M1 auf der S. 57. Bearbeitet den Text mithilfe der fünf Arbeitsschritte.

2 Tragt eure Ergebnisse in der Klasse vor.

1 – Fürstengrab von Hochdorf: Grabkammer mit Grabbeigaben. Rekonstruktionszeichnung.

M1 Der Grabungsleiter Jörg Biel schrieb 1982 über das Fürstengrab von Hochdorf, einen der wichtigsten Grabfunde der Eisenzeit:

... Der Boden der Grabkammer war mit Tüchern ausgelegt. An den Wänden hingen lange Tuchbahnen. Man fand das Skelett eines etwa 40-jährigen Mannes. Er war 1,83 m groß.

Der Tote war auf einer drei Meter langen bronzenen Liege aufgebahrt. Die Liege war mit Tüchern und Fellen gepolstert. Der Kopf des toten Fürsten ruhte auf einem Kissen aus geflochtenen Grashalmen. Getragen wurde die Liege von acht Frauenfiguren mit emporgestreckten Armen.

Bei dem Toten fand man zunächst seine ganz persönliche Habe: ein in Stoff gewickeltes eisernes Rasiermesser, einen doppelseitigen Kamm, einen Köcher mit Pfeilspitzen aus Eisen und Bronze, drei eiserne Angelhaken und einen Hut aus Birkenrinde. Um den Hals trug der Fürst einen goldenen Reif, neben ihm lag ein Dolch. Eigens für die Bestattung war der Tote mit reichem Goldschmuck versehen worden. Der Dolch war mit Goldblech überzogen, aus Gold waren auch die zwei Nadeln, die die Kleidung zusammenhielten, und golden waren selbst die Schuhverzierungen.

Neben der Bronzeliege stand ein großer bronzener Kessel, geschmückt mit drei Löwenfiguren. An einer Längswand des Grabes hingen neun goldgefasste Trinkhörner. Außerdem stand in der Grabkammer noch ein vierrädriger Wagen, dazu das Schirrzeug für zwei Pferde. Auf dem Wagen war das Speisegeschirr gestapelt. Es bestand aus drei Bronzebecken und neun Tellern.

Lösungsbeispiel zum Sachtext M1:

Zum Schritt 1: Beschrieben wird die Öffnung eines Grabes aus der Keltenzeit. Es wurden wertvolle Gegenstände gefunden. Bisher habe ich nichts von den Kelten gehört. Mich interessiert ...

Zum Schritt 2: Es ist ein Sachtext. Der Tote war ein „Fürst" der Kelten. Der Text sagt nicht, wann der Mann begraben wurde. Das Grab ist in der Nähe von Hochdorf. Der Mann ist etwa 40 Jahre alt geworden. Warum die Kelten dieses Grab so reich ausstatteten, ist nicht bekannt.

Zum Schritt 3: Die Begriffe „Köcher" und „Schirrzeug" kenne ich nicht. In einem Lexikon habe ich gefunden:
Köcher: Behältnis für Pfeile.
Schirrzeug: Gegenstände zum Anspannen eines Pferdes.
Wichtige Schlüsselwörter sind: Grabkammer, Skelett eines 40-jährigen Mannes, Fürst, Goldschmuck, Bronzeliege, Wagen.

Zum Schritt 4: Den Sachtext kann man in drei Abschnitte teilen:
Die Überschriften für die Abschnitte könnten lauten:
Abschnitt 1: Das Grab
Abschnitt 2: Der persönliche Besitz des Toten
Abschnitt 3: Weitere Gegenstände.

Zum Schritt 5: Der erste Abschnitt lässt sich zusammenfassen:
Das Grab
In einer Grabkammer fand man das Skelett eines etwa 40-jährigen Mannes. Der Tote lag auf einer Liege, die 3 Meter lang war. Diese Liege wurde von acht Frauenfiguren getragen.
Der zweite Abschnitt ...

Über den Tellerrand geschaut

Der Mensch – ein Wanderer?

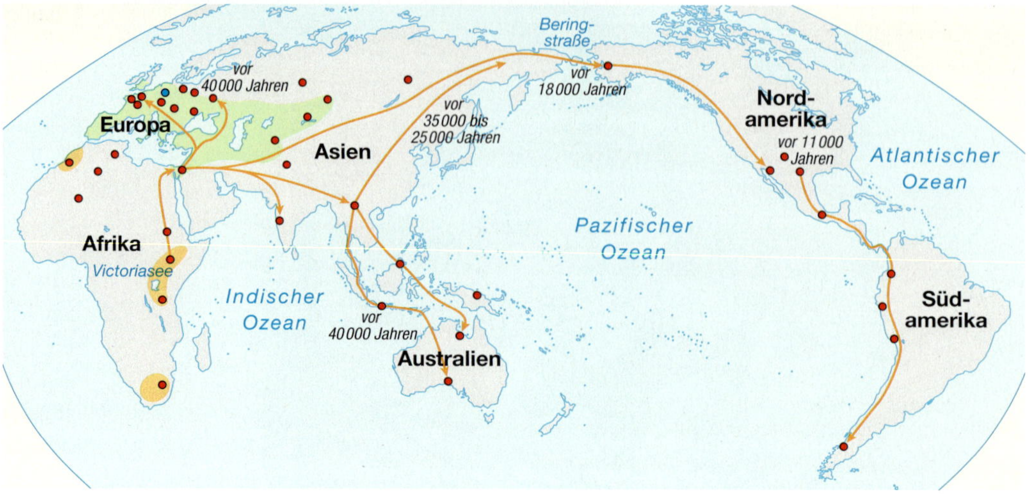

Ursprungsgebiete der Jetztzeitmenschen vor 300 000 bis 100 000 Jahren

Fundstätten von Jetztzeitmenschen

Verbreitungsrichtung

Verbreitungsgebiet des Neandertalers

erste Fundstätte des Neandertalers

1 – Fundstätten und Verbreitung des Jetztmenschen.

* Sahara
Die Sahara ist eine Trockenwüste im Norden Afrikas.

Wanderungsgründe

Seit der Altsteinzeit zog der Mensch mit seiner Sippe weiter, sobald ein Gebiet nicht mehr genug Nahrung hergab. Dabei gab es verschiedene Arten des Wanderns. Beispielsweise wanderten die Sippen im Kreis und lagerten für die jeweiligen Jahreszeiten an bestimmten Orten. So hatten die Natur und die Tierbestände Zeit, sich zu erholen bevor die Menschen wiederkehrten.
Doch gab es damals wie heute viele Naturkatastrophen, z. B. Überschwemmungen und Dürren, Vulkanausbrüche und Erdbeben. Dann fanden die Menschen in den alten Jagd- und Sammelgründen kaum noch Nahrung. Oder die Sippe wurde zu groß, um alle zu versorgen. Dann musste man in neue Gebiete weiterziehen.

Wanderungsbewegungen

Vor etwa 120 000 Jahren war die *Sahara noch keine Wüste und viele andere Gegenden, die heute unbewohnbar sind, waren fruchtbar und konnten die Sippen unserer Urahnen ernähren. Oft zogen sie an Flussläufen entlang, weil sie wussten, dass man hier sicher Essen finden konnte. Viel später, etwa vor 8000 Jahren, entstanden hier auch die ersten Siedlungen und noch später, etwa vor 6000 Jahren, erste Städ(siehe Kapitel 3: Ägypten)te.
Die Flussläufe gaben auch die weitere Wanderbewegung vor. Etwa gleichzeitig erreichte der Homo sapiens vor etwa 40 000 bis 35 000 Jahren Asien und Europa. Vor ihnen waren schon der Homo erectus und der Neandertaler in diese Gebiete gezogen.
Doch der Homo sapiens drang noch weiter vor. Er gelangte über Asien bis nach Australien. Das bedeutet, dass er bereits damals in der Lage war, seetüchtige Boote zu bauen.
Wegen der Eiszeit gab es aber auch eine Landverbindung zwischen Asien und Amerika – die Beringstraße. Dadurch wurden Nord- und Südamerika vor 18 000 bis 11 000 Jahren als letzte Erdteile von den Menschen besiedelt.

1 Nenne Gründe, die zu Wanderungen des Jetztmenschen führten.

2 Erstelle anhand der Karte 1 und des Textes eine Zeitleiste zu den Wanderungsbewegungen des Jetztmenschen.

Das kann ich ...

Auf den Spuren der frühen Menschen

Wichtige Begriffe

Australopithecus	Eisenzeit
Homo rudolfensis	Bronzezeit
Homo erectus	Jungsteinzeit
Homo neanderthalensis	Altsteinzeit
Homo sapiens	Ötzi
Lausitzer Kultur	Horde/Sippe

Wissen und erklären

1 Erklärt euch gegenseitig die wichtigen Begriffe und schreibt deren Bedeutung in euren Geschichtshefter.

2 Beschreibe die Bilder 1 und 2 und ordne sie den entsprechenden Epochen zu.

▶ *Erklärt euch zunächst noch einmal gegenseitig den Epochenbegriff.*

Anwenden

3 Lies den Text M1 und erschließe ihn mithilfe der Methode „Sachtexte untersuchen".

4 Findet Überschriften zu den Bildern 1 und 2 und schreibt kleine Texte.

▶ *Erzählt in diesen:*

a) wie die Tage der Personen auf Bild 1 aussiehen.

b) von der Funktionsweise des abgebildeten Werkzeugs (Bild 2).

Beurteilen und Handeln

5 Entscheidet, wann ihr lieber gelebt hättet: in der Altsteinzeit als Jäger und Sammler oder in der Jungsteinzeit als Ackerbauer und Tierzüchter. Begründet eure Meinung.

6 Sätze wie: „Das ist ja wie in der Steinzeit" oder „Das ist ja ein Rückfall in die Steinzeit" habt ihr sicher schon gehört. Erläutert, was damit gemeint sein könnte und nehmt Stellung dazu.

1 – Menschen in der Altsteinzeit. Rekonstruktionszeichnung.

2 – Bohren von Steinen: Rekonstruktionszeichnung.

M1 Die Journalistin Christin Döring schrieb 2007 über das Leben in der Jungsteinzeit:

... Die Bauern lagerten die Ernte in einfachen Erdgruben oder großen Tongefäßen im Haus. Wenn die Steinzeitfrauen Mehl brauchten, mussten sie das Korn zunächst von seiner harten Schale, dem Spelz befreien. Dafür benutzten sie vermutlich einen Holzmörser. Anschließend mahlten sie das Korn auf einer steinernen Getreidemühle. Zu dem Schrot oder Mehl gaben [sie] Wasser und formten daraus Brot oder [bereiteten] einen Brei ... [Diesen] erhitzten sie in einem tönernen Topf, den sie direkt in die Glut des offenen Feuers stellten. Die Herdstelle befand sich ... im mittleren Raum des Hauses, dem Zentrum des ... Familienlebens. Hier kochten, wohnten und schliefen die Menschen. ...

Webcode: EV658268-059
Selbsteinschätzungsbogen

Hier spielt die Geschichte …

Auf den Spuren der frühen Menschen

Das URZEIT-TABU

In diesem Kapitel hast du einen Zeitraum von ca. 6 000 000 Jahren kennengelernt. Um diese große Zeitspanne zu wiederholen und dein Wissen darüber zu testen, kannst du hier zeigen, wie gut du dich bei den frühen Menschen auskennst.

Bevor es losgeht, musst du allerdings erst einmalige Vorbereitungen treffen.

Vorbereitung des Tabu-Spiels

Für das Spiel benötigt ihr zunächst Spielkarten. Auf ihnen stehen Wörter, die erraten werden müssen. Allerdings befinden sich darunter vier weitere Begriffe, die den Ratebegriff sehr gut umschreiben. Diese dürfen während des Spiels nicht zur Erklärung des Ratebegriffs genutzt werden, sie sind also tabu!

Teilt eure Klasse in fünf Gruppen auf. Jede dieser Gruppen wiederholt gemeinsam eines der unten genannten Themengebiete. Dabei legt die Gruppe mindestens fünf Ratebegriffe fest, die bedeutend für das Themengebiet sind. Weiterhin wird nun nach guten Wörtern gesucht, die tabu für den Erklärer sind. Je besser diese Wörter ausgesucht werden, desto schwieriger und spannender wird euer Spiel! Notiert nun den Ratebegriff sowie die verbotenen Wörter auf ein kleines Spielkärtchen aus Bastelkarton, damit keine Schrift durchscheinen kann. Jede Gruppe erhält hierzu eine eigene Farbe.

Fertig ist euer selbsterstelltes Tabu-Spiel!

Themengebiete für die Gruppen:

- Stammbaum der Menschen
- Altsteinzeit
- Jungsteinzeit
- Neandertaler
- Metallzeit

Ihr benötigt:

- eure selbstentworfenen Tabukarten – und zwar gut durchgemischt
- eine Sanduhr (am besten 1 Minute)
- einen Schiedsrichter (Vielleicht kann euer Lehrer bzw. eure Lehrerin diese Rolle übernehmen?)

Durchführung des Spiels

Jetzt kann endlich gespielt werden!

Die Gruppeneinteilung bleibt erhalten und jede Mannschaft spielt für sich und gegen die anderen.

1. Legt fest, wer aus der Klasse beginnen darf. Dieser Schüler kommt vor die Klasse, zieht verdeckt einen Ratebegriff und macht sich mit den Tabuwörtern vertraut.
2. Nun erklärt er der gesamten Klasse den Ratebegriff, ohne dabei die auf der Karte stehenden Tabuwörter zu benutzen. Ebenso darf er nichts zeigen oder vormachen. Nur Erklärungen sind erlaubt. Hierfür hat er eine Minute Zeit (Sanduhr). Schnell werdet ihr merken, wie schwierig eine solche Beschreibung ist und wie oft man am liebsten die verbotenen Wörter nutzen möchte.
3. Die gesamte Klasse darf nun erraten, welcher Begriff gesucht wird. Wer als erstes den Richtigen nennt, sammelt einen Punkt für seine Mannschaft. Natürlich darf diejenige Gruppe, welche die Tabukarte erstellt hat, nicht die Lösung sagen. Erkennbar ist dies an der Farbe der Karte. Rät jemand aus der jeweiligen Gruppe trotzdem mit, wird diese mit einem Minuspunkt bestraft. Ebenso erhält die Gruppe einen Minuspunkt, wenn der Erklärer einen Tabubegriff nennt. Hier ist das wachsame Auge des Schiedsrichters gefragt, der genau beobachtet und vergleicht.
4. Kommt es zu keiner richtigen Antwort innerhalb der vorgegebenen Zeit, wird aufgelöst. Es erhält die Gruppe einen Punkt, die die Karte erstellt hat. Die Karte wird dann beiseite gelegt.
5. Nun ist jeder aus der Klasse nacheinander an der Reihe, den anderen einen Ratebegriff zu erklären. Vielleicht geht ihr dabei am besten alphabetisch vor.
6. Das Spiel endet, wenn es keine Ratekarten mehr gibt. Natürlich gewinnt die Mannschaft, die die meisten Punkte erbeutet hat!

Viel Spaß beim Spielen!

3 Ägypten – Beispiel einer Hochkultur

Ägypten gilt als ein Land mit einer vielfältigen Geschichte, die man auch heute noch hautnah erleben kann. Nicht nur die alte Kultur und traditionelle Lebensweise begeistern, sondern auch Bauwerke wie die Sphinx oder die Pyramiden beeindrucken die Besucher. Schon in alter Zeit galten sie als Weltwunder. Und auch heute noch stehen Tag für Tag Tausende Besucher vor diesen eindrucksvollen Bauwerken und fragen sich, zu welchem Zweck und wie diese errichtet wurden. Wie ist diese Hochkultur, die uns bis heute Rätsel aufgibt, entstanden und was zeichnet sie aus?

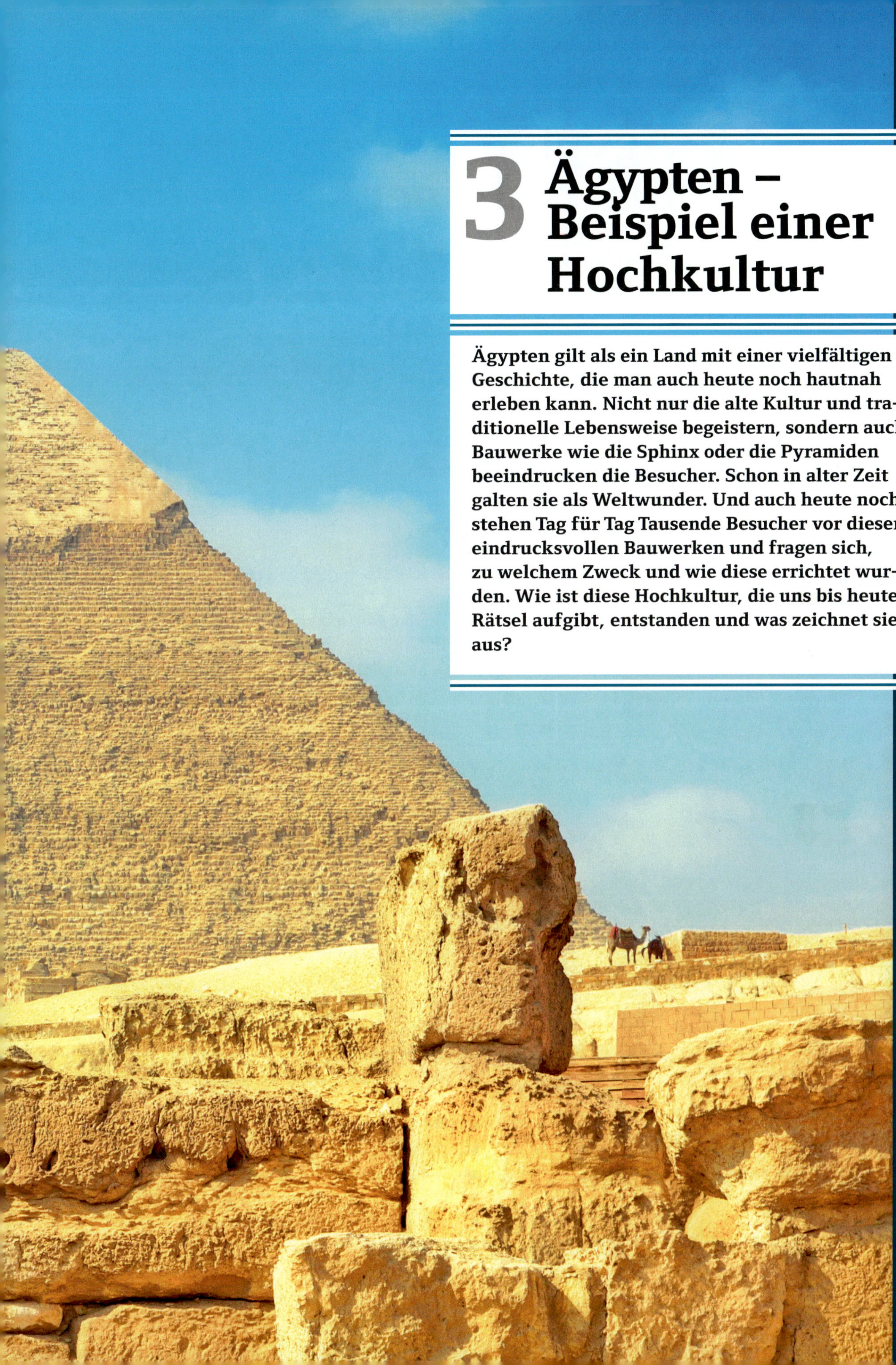

3 Ägypten – Beispiel einer Hochkultur

5000 v. Chr.

verschiedene Nomadenstämme besiedeln das Niltal

2 – Die Lage Ägyptens in Afrika heute.

1 – Karte des alten Ägypten.

Um 3000 v. Chr. lebten die Menschen in Europa in kleinen Siedlungen als Ackerbauern und Viehzüchter. Ganz anders gestaltete sich das Leben der Menschen in Ägypten. Hier regierte ein mächtiger König über ein großes Reich mit fast einer Million Einwohnern (etwa zweimal so viel wie Leipzig oder Dresden). Unterstützt wurde er von einer Vielzahl von Beamten, die zu der damaligen Zeit schon lesen, schreiben und rechnen konnten. Diese erstaunlichen Fähigkeiten konnten sich nur durch die Entstehung der Schrift entwickeln. Wegen dieser und weiterer fortschrittlicher Leistungen wird Ägypten als Hochkultur bezeichnet. Wo es weitere gab und welche Merkmale eine Hochkultur ausmachen, erfährst du in diesem Kapitel.

Am Ende des Kapitels kannst du folgende Fragen beantworten:

- Warum entstand am Nil ein Staat?
- Was kennzeichnet eine Hochkultur?
- Wie wurde Ägypten regiert?
- Welche Bedeutung hatte die Schrift?
- Woran glaubten die Ägypter?
- Wie und wozu bauten die Ägypter Pyramiden?
- Wie sah der Alltag der Ägypter aus?
- Welche anderen Hochkulturen gab es?

ab 3000 v. Chr.	um 2500 v. Chr.	ab 1332 v. Chr.	1000 v. Chr.	30 v. Chr.
Ägyptische Hochkultur	Bau der Pyramiden von Gizeh	Regierungszeit Pharao Tutanchamun	Ägyptens Großreich zerfällt	Ägypten wird römische Provinz

Opa, sag mal ...

Stella: Opa, sag mal, wenn deine Katze irgendwann stirbt, baust du ihr dann auch so ein großes Grab wie die Ägypter?

Opa: Wie kommst du denn darauf, Stella?

Stella: Wir haben doch im Geschichtsunterricht ein neues Thema angefangen: Ägypten. Und da hat unser Lehrer uns ein Bild gezeigt, worauf die Pyramiden zu sehen sind und davor eine Figur, die ein bisschen wie eine Katze aussieht.

Opa: Das ist die Sphinx! Sie stellt einen Löwen dar, der einen Menschenkopf trägt. Die Sphinx soll, der Legende nach, die Grabkammern von den Pharaonen bewachen.

Stella: Du meinst, sie soll auf die Mumien aufpassen?

Opa: Genau, denn viele wertvolle Dinge aus Gold wurden den Königen und Königinnen mit ins Grab gegeben.

Stella: Also hat die Sphinx nichts mit einer Katze gemeinsam?

Opa: Ein bisschen schon, denn die Katze wurde von den Ägyptern als heilig angesehen und entsprechend verehrt. Die Sphinx soll es übrigens auch in Griechenland gegeben haben. Dort soll sie Vorbeikommenden ein sehr schweres Rätsel gestellt haben. Wer dieses nicht beantworten konnte, wurde von ihr gefressen.

Stella: Das klingt ja spannend! Ich kann das Rätsel bestimmt lösen und werde nicht gefressen.

Opa: Bist du dir da ganz sicher, Stella? Das Rätsel der Sphinx lautet wie folgt: „Es ist am Morgen vierfüßig, am Mittag zweifüßig, am Abend dreifüßig. Von allen Geschöpfen wechselt es allein mit der Zahl seiner Füße; aber eben wenn es die meisten Füße bewegt, sind Kraft und Schnelligkeit seiner Glieder ihm am geringsten."

2 – Sphinx in Gizeh, 73,5 m lang und 20 m hoch.

1. Übertrage mithilfe der Karte 1 eine Skizze vom Nil in dein Heft. Kennzeichne angrenzende Meere, Wüsten und mindestens fünf wichtige Städte.
   ▶ *Orientiere dich an den Farben der Karte 1.*
2. Lest das Gespräch von Stella und ihrem Großvater in verteilten Rollen. Tauscht euch darüber aus, was ihr bereits über Ägypten wisst und welche Fragen ihr zum neuen Thema habt.
3. Findet eine Lösung für das Rätsel der Sphinx.

In Ägypten entsteht ein Staat

Ägypten – ein Geschenk des Nils?

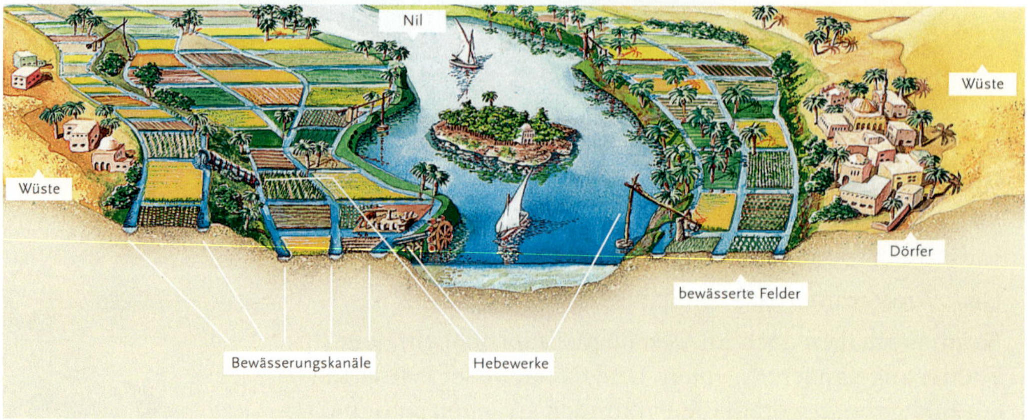

1 – Bewässerungssystem im Niltal.

Das Niltal wird besiedelt

Wo sich heute in Ägypten Wüsten erstrecken, gab es einst ausgedehnte Wälder und zahlreiche Seen. Wie in Europa lebten die Menschen hier als Jäger und Sammler. Vor etwa 7000 Jahren änderte sich das Klima allmählich: Die Landschaft verwandelte sich in eine Wüste. Deshalb zogen die Menschen in das fruchtbare Niltal und schufen sich als Bauern und Viehzüchter eine neue Lebensgrundlage. Im alten Ägypten konnten die Menschen Jahr für Jahr folgendes Naturschauspiel beobachten: von Februar bis Mai führte der Nil Niedrigwasser. Infolge der Schneeschmelze und Regengüsse im Gebiet der Nilquellen (vor allem des Blauen Nils) stieg der Wasserstand des Flusses im Juni an. Im September erreichte er seinen Höchststand, um im Oktober wieder zu fallen. Der Nil führte während des Hochwassers große Schlammmassen mit sich. Diese bedeckten schließlich als fruchtbare Kruste den Boden.

Der Kalender entsteht

Wichtig war die Frage, wann die nächste Nilschwemme zu erwarten war. Die Ägypter erkannten, dass der Nil anstieg, wenn der Stern Sirius zum ersten Mal frühmorgens am Horizont erschien. Damit begann für sie das neue Jahr. Bis zur nächsten Nilschwemme waren es 365 Tage. Nach dieser Erkenntnis stellten die Ägypter Kalender auf. Aus Quellen wissen wir, dass die ersten Kalender schon circa 2700 v. Chr. in Gebrauch waren. Das ägyptische Jahr besaß 12 Monate zu je 30 Tagen und 5 Zusatztagen und wurde in drei Jahreszeiten eingeteilt: Überschwemmung, Aussaat und Ernte. Das Leben der Menschen wurde vom *Pegel des Nils bestimmt.

* **Pegel**
Der Stand des Pegels gibt die Höhe des Flusses an.

Der Stern Sirius im Sternbild Hund.

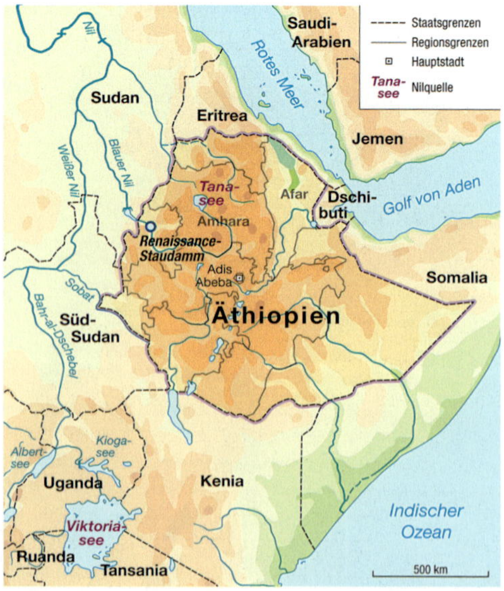

2 – Das abessinische Hochgebirge und die Nilquellen.

3 – Die ägyptischen Jahreszeiten bestimmen das Leben der Menschen.

Not macht erfinderisch

Wenn der Nil die Äcker überschwemmt hatte, waren die Grenzen der Felder nicht mehr zu erkennen und mussten neu ausgemessen werden. Daraus entwickelte sich eine neue Wissenschaft – die Geometrie.

Im Niltal wurde in guten Jahren viel mehr geerntet, als man verbrauchen konnte. Überschüsse wurden in Vorratshäusern für Notzeiten gespeichert. Von diesen Überschüssen konnten nun auch Menschen versorgt werden, die nicht in der Landwirtschaft arbeiteten, wie Handwerker, Beamte und Priester. Weitere Erfindungen waren Bewässerungskanäle oder das Schaduf – ein Hebebaum mit Gegengewicht, um das Wasser auf höhergelegene Ebenen zu transportieren. Du kannst es auf Bild 1 und auf S. 66 entdecken.

Ein gemeinsamer Staat entsteht

Um die Herausforderungen infolge der wechselnden Nilstände zu meistern, mussten sich die Menschen verschiedener Ortschaften zusammenschließen. So bildeten sich zunächst zwei größere Gemeinschaften: Ober- und Unterägypten (siehe Karte S. 64). Ihre Geschichte ist auch durch kriegerische Auseinandersetzungen geprägt. In einer großen Entscheidungsschlacht gelang es dem oberägyptischen Herrscher Narmer, um 3000 v. Chr. die Unterägypter zu besiegen und König von ganz Ägypten zu werden.

Am Nil entsteht eine Hochkultur

Um 3000 v. Chr. beginnt mit diesem Zusammenschluss von Ober- und Unterägypten nicht nur die Geschichte eines gemeinsamen Staates, sondern auch die einer Hochkultur.

- Ein König stand an der Spitze des Staates, der mithilfe von Beamten regiert wurde. Somit besaß der ägyptische Staat bereits eine Verwaltung.
- Es entstanden neue Wissenschaften wie Geometrie und Sternenkunde.
- Die Überschwemmungen des Nils wurden genutzt, um Felder zu bewirtschaften und Vorräte anzulegen.
- Der Kalender, die Schrift und Zahlen erleichterten den Alltag.
- Religion und Kunst spielten eine wichtige Rolle im Leben der Ägypter.

1 Nenne Merkmale, die das alte Ägypten als Hochkultur kennzeichneten.

▶ *Ägypten war eine Hochkultur, weil: neue Wissenschaften entstanden,…*

2 Erläutere folgende Behauptung: „Der Nil konnte für die Ägypter Fluch oder Segen sein."

3 Erkläre mithilfe des Textes und Bild 3 den ägyptischen Kalender.

4 Bildet Gruppen von jeweils 4–6 Schülern. Spielt eine der folgenden Situationen. Die Dorfbewohner kommen zusammen und beraten was zu tun ist:

a) Der Nil führt zu viel Wasser – eine Überschwemmung droht.
b) Der Nil führt zu wenig Wasser – eine Dürre droht.
c) Der Nil beschert den Bewohnern eine gute Ernte.

Wer lebte im alten Ägypten?

1 – Aufbau der ägyptischen Gesellschaft.

Die Bauern (Fellachen)

Ich bin ein ägyptischer Bauer und lebe wie die meisten hier von meinem Acker, der etwa so groß ist wie eines eurer Fußballfelder. Nach Abzug aller Abgaben an meine Herren bleiben mir und meiner Familie im Monat höchstens ein bis zwei Sack Getreide. Das reicht gerade so aus zum Leben. Unser Haus ist eine einfache Lehmhütte, in der wir auf Strohmatten schlafen.

2 – Bauern schöpfen das Nilwasser mit einem Schaduf in Bewässerungskanäle.

Die Handwerker, Künstler und Händler

Ich bin ein Künstler und meine Statuen und Wandmalereien erzählen der Nachwelt viel über die ägyptische Lebensweise. Meine Nachbarn, die Handwerker, fertigen kostbare Schmuckstücke aus Silber, Kupfer oder Gold, und unsere Händler tauschen sie in fernen Ländern z. B. gegen Olivenöl und Wein von der Insel Kreta.

3 – Ein Bildhauer bei der Arbeit an einer Statue, Wandmalerei 15. Jh. v. Chr.

Schreiber und *Beamte
Ich übe den wichtigsten und geachtetsten Beruf aus. Dafür lernte ich, wie schon mein Vater und dessen Vater, seit meinem fünften Lebensjahr fleißig lesen, schreiben und rechnen. Von circa zwei Millionen Ägyptern, können nur circa 10 000 bis 20 000 lesen und schreiben. Als Zeichen meiner Stellung trage ich mein Schreibgerät über der Schulter. Über mir stehen nur noch der Wesir und der Pharao.

4 – Ein sitzender Schreiber.

* Beamte
Der Apparat aus vielen gut ausgebildeten Beamten war notwendig, um das Reich erfolgreich zu verwalten und zu regieren.

Der Wesir (Tjati)
Ich bin der oberste Beamte und gleichzeitig der Stellvertreter des Pharao – also der zweite Mann im Staat Ägypten. Ich leite die Nahrungsmittelverteilung, treibe die Steuern ein und kontrolliere die Staatskasse. Außerdem befehlige ich Heer und Polizei. Ohne mich und die anderen Beamten würde der Pharao die Regierung des riesigen Reiches nicht bewältigen können.

Und welche Stellung haben die Frauen im ägyptischen Reich?
Die Frauen besaßen ein hohes Ansehen und waren dem Mann in vielen Dingen gleichgestellt. Sie durften Verträge abschließen, vor Gericht Klage erheben und ihren eigenen Besitz an ihre Kinder weitervererben. Die Frau war Herrin des Hauses. Hier lagen auch ihre Hauptaufgaben. Sie sollte eine gute Ehefrau sein und sich um die Kinder und deren Erziehung kümmern. Außerdem sollte sie selbständig den Haushalt führen und die Dienerschaft anleiten. Durch Quellen wissen wir, dass die Ägypter sehr früh heirateten. Die Mädchen waren in der Regel 12 oder 13 Jahre alt, die Jungen oft nicht älter als 15.
In Quellen und Wandmalereien finden wir aber auch Nachweise über die verschiedensten Frauenberufe, wie: Weberinnen, Hebammen, Frisörinnen oder Bierbrauerinnen.

5 – Frau beim Bierbrauen.

1. Zeichne die Gesellschaftspyramide von S. 68 in deinen Hefter und skizziere mit eigenen kleinen Bildern typische Tätigkeiten der vorgegebenen Berufsgruppen.
2. Reise in die Vergangenheit und stelle dir vor, du wärst ein ägyptisches Kind. Freunde fragen dich nach dem Beruf deiner Eltern. Suche dir eine Berufsgruppe aus und verfasse hierzu einen kurzen Text ohne den Beruf gleich zu verraten.
   ▶ *Du kannst so beginnen: Mein Vater macht. ...*
   Nun kann das Erraten der Berufe beginnen.
3. Vergleiche das Leben einer ägyptischen Frau mit dem Leben einer heutigen Frau. Finde Gemeinsamkeiten und Unterschiede.

Webcode: EV658268-069

Leben in der Niloase

Schauplatz Geschichte

Der Nil ist mit fast 7000 Kilometern der längste Fluss Afrikas. Die letzten 1000 Kilometer fließt er durch Ägypten bis ins Mittelmeer. Ohne den Nil wäre Ägypten eine riesige Wüste. Wie die Ägypter mithilfe des Flusses lebten, könnt ihr anhand der Aufgaben in Erfahrung bringen.

Bildet Gruppen und bearbeitet eine der Aufgaben 1–3. Stellt eure Ergebnisse den anderen Gruppen anschließend vor.

1 Ein junger Ägypter fährt zum ersten Mal auf dem Nil. Als er wieder nach Hause kommt, berichtet er, was er alles gesehen hat.
▶ *Als ich gestern mit unserem kleinen Boot den Nil herauf fuhr, sah ich entlang des Ufers viele Felder, die mithilfe von … bewässert wurden …*
Führe die Erzählung weiter.

2 Ein ägyptischer Bauer denkt über sein Leben am Nil nach. Dabei überlegt er, wie er die Ernteerträge steigern kann. Am Abend berichtet er seiner Frau über seine Ideen.
▶ *Verwende folgende Begriffe: Schlamm, Aussaat, Bewässerungsmethoden, Schaduf, Kanal, Vorratshaltung.*

3 Verfasse einen Brief einer ägyptischen Mutter an ihre heiratsfähige Tochter, in dem sie ihr die zukünftigen Aufgaben als „Herrin des Hauses“ erklärt.

Der König und seine Beamten

Wie wurde Ägypten regiert?

1 – Ausschnitt des *Sarkophags des Pharaos Tutanchamun. Er wurde mit neun Jahren Herrscher (ca. 1332 v. Chr.) und starb 1323 v. Chr. Seine Grabkammer mit dem Sarkophag und reichen Grabbeigaben entdeckte 1922 der britische Archäologe Howard Carter.

*Sarkophag
Das ist ein prachtvoll ausgestalteter Sarg.

*Monarchie
Die Bezeichnung ist zusammengesetzt aus den griechischen Begriffen: monos = ein und archein = herrschen.

Krone von Oberägypten. Rekonstruktionszeichnung.

Krone von Unterägypten. Rekonstruktionszeichnung.

Doppelkrone des Reiches. Rekonstruktionszeichnung.

Der Pharao herrscht über das Land

Heute sprechen wir von Pharaonen, wenn wir die altägyptischen Könige meinen. Diese lebten in einem großen Palast, den die Ägypter „großes Haus“ nannten, übersetzt Pharao. Sie selbst haben sich zunächst nicht so genannt. Ihre wichtigsten Titel lauteten: „König von Ober- und Unterägypten“ und „Herr der beiden Länder“ (siehe Karte S. 64). Grundsätzlich war das Amt eines Pharaos nur Männern vorbehalten. In der ägyptischen Geschichte sind aber vereinzelt auch Pharaoninnen bekannt (siehe Pharaonin Hatschepsut auf S. 73). Sie gelangten auf den Thron, weil entweder keine männlichen Nachfolger vorhanden waren oder diese noch zu jung waren, ihr Amt auszuführen. Teilweise übernahmen sie dann die Herrschaft komplett.

Alle Macht in einer Person

Alle Macht lag in den Händen des Pharaos. Nur der König erließ die Gesetze, und nur er setzte die höheren Beamten und Priester ein. Der König entschied auch über Krieg und Frieden. Er schickte das Heer aus und manchmal zog er an der Spitze seiner Truppen in den Kampf. In bestimmten Fällen ließ sich der Pharao von einigen Vertrauten beraten, aber er konnte sich in jedem Fall über die Meinung seiner Ratgeber hinwegsetzen.

Pharao – Gott in menschlicher Gestalt

Nach Meinung der alten Ägypter war der König nur deswegen so mächtig, weil ihn die Götter in sein Amt eingesetzt hatten. Als Sohn des Sonnengottes Re galt ein Pharao als Gott in menschlicher Gestalt. Seine Aufgabe war es, den göttlichen Willen auf der Erde durchzusetzen, das heißt, er sollte für Ordnung und Gerechtigkeit sowie für das Wohlergehen der Bevölkerung sorgen. Achtete der König auf die Wünsche der Götter – so glaubten die Ägypter –, ging es den Ägyptern gut. Verstieß er jedoch dagegen, dann drohten dem Land Dürre, Überschwemmungen, Hungersnot, Krankheiten oder feindliche Überfälle.
Der Pharao besaß aber auch uneingeschränkte Macht. So konnte er auch anordnen, die Vorratshäuser zu füllen, die Steuern festsetzen und Handwerker dazu zwingen, an Bauarbeiten mitzuwirken und ihre Erzeugnisse abzuliefern. Vor allem diese Abgaben waren oft zum Leidwesen der Bevölkerung.
Da Pharaonen als Könige ihr Land lebenslang allein regierten, nennt man ihre Herrschaft auch *Monarchie.

VIP

„Ich bin selbst ein Gott, der, was geschieht bestimmt. Kein Ausspruch meines Mundes geht fehl. ...“

Name: **Hatschepsut** (übersetzt: Die erste der Damen)

Lebensdaten: ca. 1495 – ca. 1457 v. Chr.

Familie: Ihr Vater war Pharao Thutmosis I.

Jugend/Schule/Ausbildung:
- Sie war ein sehr wissbegieriges Kind.
- Ihr Vater ließ sie wie einen Jungen ausbilden, sie lernte also neben Lesen und Schreiben auch Bogenschießen, Wagenlenken, Schwertkampf und alles über Wirtschaft und Verwaltung.

Werdegang:
- Vermählung mit Thutmosis II., ihrem Halbbruder.
- Nach dem Tod ihres Mannes übernahm sie die Regentschaft für ihren gerade sechs Jahre alten Stiefsohn Thutmosis III.
- Sie krönte sich 1475 v. Chr. selbst zur Pharaonin.

Besonderheiten:
- Sie unternahm die erste botanische Reise der Weltgeschichte, um Pflanzen aus Ostafrika nach Ägypten einzuführen.
- Es sollen fast alle Fakten über sie von ihrem Stiefsohn 20 Jahre nach ihrem Tod ausgelöscht worden sein (darüber streiten sich die modernen Forscher).

Was bleibt:
- Sie war die mächtigste Frau des alten Ägyptens und hinterließ viele heute noch zu besichtigende Bauwerke.
- Unter ihrer friedvollen Herrschaft wurde Ägypten noch mächtiger und größer.

M1 Ein Pharao trug als Zeichen seiner Macht verschiedene Herrschaftszeichen, sogenannte Insignien, bei sich:
- Krummstab: steht für Macht und Würde
- Geißel (eine Art Peitsche): symbolisiert seine richterliche Gewalt
- Kobra (am Stirnband): Wappentier Unterägyptens, stand für die Macht Gottes
- Geier (am Stirnband): Wappentier Oberägyptens
- Künstlicher geflochtener Bart: Symbol für die Manneskraft
- Kopftuch (meist in Blau und Gold gestreift): Zeichen der Königswürde, bedeckte Stirn und Ohren

1. Nenne mithilfe des Textes in einer Tabelle die Rechte und Pflichten eines Pharaos.
2. Suche und benenne die in M1 dargestellten Herrschaftszeichen eines Pharaos auf dem Sarkophag Tutanchamuns (Bild 1).
3. Überlege mit deinem Banknachbarn, ob und welche Kennzeichen heutige Könige tragen.
4. Sammle weitere Informationen über die Pharaonin Hatschepsut und gestalte eine Wandzeitung.

▶ *Nimm die Informationen dieser Seite als Grundlage. Anschließend kannst du mehr über Hatschepsut herausfinden – z. B. im Internet. Überlege dir nun, wie du die Wandzeitung gestalten willst. Am Ende überträgst du deine Informationen auf die Wandzeitung.*

5. Bewerte aus deiner Sicht, dass sich die ägyptischen Pharaonen nicht nur als Staatsoberhäupter, sondern auch als Götter verstanden.

Welche Bedeutung hatte die Schrift im alten Ägypten?

1 – **Der Stein von Rosette, 196 v. Chr.** Mithilfe dieses Steins konnte die Bedeutung der ägyptischen Schriftzeichen ermittelt werden, da er den Hieroglyphentext noch in zwei weiteren Sprachen abbildet.

2 – **Papyrusherstellung.** Die Papyrusstreifen werden kreuzweise aufeinander gelegt. Durch sanfte Schläge mit dem Schlägel kleben die beiden Schichten zusammen.

Hieroglyphen-Kartusche und griechische Übersetzung des Namen „Ptolemaios"

*Demotisch
Entwicklungsstufe der ägyptischen Sprache.

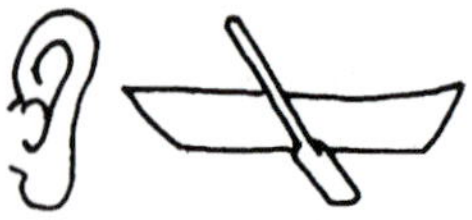

Das Wort „Orkan" (Ohr und Kahn).

Die Schrift – heilige Zeichen?

Den Namen Hieroglyphen haben die ägyptischen Zeichen eigentlich den Griechen zu verdanken. Diese nannten viel später die Zeichen, die sie an Tempeln und Götterstatuen entdeckten, Hieroglyphen (= heilige Einkerbungen). Erst 1822 sollte es einem französischen Sprachwissenschaftler namens Champollion gelingen, die Bilderschrift zu entschlüsseln. Wie die ägyptische Schrift genau vor circa 5200 Jahren entstanden ist, ist bis heute unklar. Man vermutet aber, dass sie am Anfang aus Bildern, z. B. Wellen für Wasser (Bild 3) bestand. Wörter wie z. B. „Ruhe", „ehrlich" oder „denken" konnten damit aber nicht wiedergegeben werden. Deshalb verwendete man die Bilder auch als Lautzeichen. Mit dieser Methode konnte man auch zusammengesetzte Wörter schreiben wie z. B. im Deutschen das Wort „Orkan".

Wie schrieben die Ägypter?

Ein Schreiber im alten Ägypten benötigte für seine Aufzeichnungen nur ein Schreibgerät, Tinte und Papyrus.
Meist dienten Binsen (innen hohle Gräser), die oben angespitzt wurden, als Schreibgerät. Die Farbe wurde aus Ruß (schwarz) oder Mineralien (z. B. Ocker) hergestellt, indem diese zu Pulver vermahlen und dann mit Wasser und Harz angerührt wurden.
Geschrieben wurde auf Scherben zerbrochener Tongefäße, auf Schreibtafeln aus Holz und vor allem auf Papyrus (Bild 1). Das Wort Papyrus bedeutet in der altägyptischen Sprache „zur Verwaltung gehörig". Von den Ägyptern übernahmen die Griechen diesen Ausdruck, von den Griechen wiederum die Römer. Seit dem 14. Jahrhundert ist er in der deutschen Sprache als „Papier" gebräuchlich.

Bildung garantiert Erfolg

Schreiben zu können war die wichtigste Voraussetzung für eine Beamtenlauf-

sitzende Frau: am Ende eines weiblichen Namens

sitzender Mann: am Ende eines männlichen Namens

3 – Entwicklung der Schrift. Hieroglyphen sind Bildzeichen, die bestimmte Laute ausdrücken. Sie waren aber keine Buchstaben wie in unserer Schrift. Hier findet ihr zum Schreiben eurer Namen Hieroglyphen, die den Lauten unseres Alphabets ungefähr entsprechen.

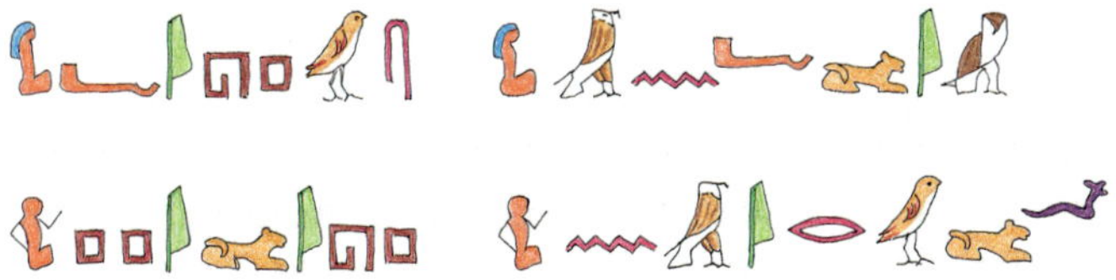

4 – Jungen- und Mädchennamen von rechts nach links zu lesen. Es sind insgesamt vier Namen.

bahn, weswegen die Söhne von Beamten oft den Beruf des Vaters wählten. Anfangs übernahm dieser oft das Unterrichten. Als der Staat aber immer mehr Schreiber benötigte, wurde die Ausbildung erfahrenen Beamten übertragen.
Die Weiterbildung dauerte bis zu zehn Jahre. In dieser Zeit lernten die Schüler mehrere hundert Schriftzeichen, ägyptische Landeskunde, Mathematik, Geometrie und Sternenkunde. Danach wurden sie in der Verwaltung angestellt und kontrollierten die Arbeiter und Handwerker, überwachten die Viehzählungen, die Getreidelieferungen und die Anfertigung von Werkzeugen und Waffen.

Q1 Folgender Text aus der Zeit um 1200 v. Chr. musste von den Schülern oft abgeschrieben werden:
... Sei fleißig! ... Werde Schreiber! Der ist vom Arbeiten befreit und ... er ist gelöst vom Hacken mit der Hacke, er braucht keinen Korb zu tragen. Der Beruf des Schreibers trennt dich vom Arbeiten mit dem Ruder und du bist von der Mühsal gelöst. Du hast nicht viele Herren und hast nicht eine Menge von Vorgesetzten. ... Allein der Schreiber, der leitet jedes Werk, das in diesem Land geschieht. ...

1 Beschreibe mithilfe von Bild 2 die Herstellung von Papyrusbögen.
2 Erkläre mithilfe des Textes und Q1, warum der Beruf des Schreibers so erstrebenswert war, und überlege, warum ein Schreiber in vielen Bereichen gebildet sein musste.
3 Ermittle mithilfe von Bild 3 die Namen in Bild 4.
4 Schreibe deinem Nachbarn eine Mitteilung, die nur aus Bildzeichen besteht. Welche Schwierigkeiten ergeben sich für ihn beim Lesen?
5 Beurteile, welche Bedeutung die Schrift für die Entwicklung der ägyptischen Hochkultur hatte.

Die Reise in die Ewigkeit

Woran glaubten die Ägypter?

Isis, die Muttergöttin, mit dem Gott Horus auf dem Schoss.

1 – In der Werkstatt eines Mumifizierers. Der Chefbalsamierer umwickelt den Körper mit Leinenbinden und legt mehrere Amulette bei.

Thot, der Gott des Mondes, der Magie, der Wissenschaft, der Schreiber, der Weisheit und des Kalenders.

Horus, der Königsgott, in seiner Gestalt als Falke.

Der Glaube der Ägypter

Die Religion spielte im Leben der Ägypter eine sehr große Rolle. Gute oder schlechte Ernte, Gesundheit oder Krankheit – all das wurde mit der Gunst der Götter in Verbindung gebracht. Und von diesen Göttern gab es im alten Ägypten jede Menge. Besonders beliebt war Isis, die Muttergöttin, weil sie allen Frauen half. Ptah war der Schutzgott der Handwerker und die Mondgottheit Thot wurde als Gott des Schreibens und Berechnens verehrt. Auch die Pharaonen hatten einen Schutzgott: Horus, das bedeutet „der Ferne". Horus besaß im regierenden Pharao eine menschliche Gestalt. Gleichzeitig galt jeder Pharao als Sohn des Sonnengottes Re, der nach der Vorstellung der Ägypter die Welt erschaffen hatte. So nahm der Pharao selbst den Rang eines Gottes ein.
Die Ägypter stellten sich ihre Götter ganz verschieden vor: als Mensch, als Tier (z. B. als Löwe oder Falke) oder halb Mensch, halb Tier.

Und nach dem Tod

Die Ägypter glaubten an ein Weiterleben nach dem Tod, sofern der Körper erhalten blieb. Deshalb bekamen die Körper ihrer Toten eine besondere Behandlung: Sie wurden mumifiziert:

Q1 Der griechische Historiker Herodot (um 484–425 v. Chr.) schrieb über die teuerste Art der Mumifizierung, die nur Pharaonen, deren Angehörigen und manchmal ihren Lieblingshaustieren vorbehalten war:
... Es gibt besondere Leute, die dies berufsmäßig ausüben. Zu ihnen wird die Leiche gebracht. ... Zunächst wird mittels eines eisernen Hakens das Gehirn durch die Nasenlöcher herausgeleitet, teils auch mittels eingegossener Flüssigkeiten. Dann macht man mit einem scharfen ... Stein einen Schnitt in die Leiche und nimmt die ganzen Eingeweide heraus. Sie werden gereinigt, mit Palmwein und dann mit geriebenen Gewürzen durchspült. Dann wird der Magen mit reiner

2 – Totengericht. Papyrus, aus dem Grab des Schreibers Hunefer, um 1300 v. Chr.

geriebener *Myrrhe, mit Zimt und mit anderem Räucherwerk ... gefüllt und der Bauch zugenäht. Nun legen sie die Leiche ganz in *Natronlauge, siebzig Tage lang. ... Sind sie vorüber, so wird die Leiche gewaschen, der ganze Körper mit Binden von Leinwand umwickelt und mit Gummi bestrichen, was die Ägypter anstelle von Leim zu verwenden pflegen. Nun holen die Angehörigen die Leiche ab, machen einen hölzernen Sarg in Menschengestalt und legen die Leiche hinein ....

Das Totengericht

Die Götter des Totengerichtes entschieden, ob die Seele Verstorbener nach dem Tod weiterleben durfte. Wie die Ägypter sich diesen Ablauf vorstellten, zeigt das Bild 2 aus dem Totenbuch des Schreibers Hunnefer:

Hunnefer ① kniet vor den 14 Göttern und erzählt aus seinem Leben. Danach führt ihn Anubis ②, der Gott der Einbalsamierer mit dem Gesicht eines Schakals, zur Waage der Gerechtigkeit. Auf den Schalen liegen sein Herz ③ und eine Feder ④; sie war das Zeichen für Wahrheit und Gerechtigkeit. War das Herz schwerer als die Feder (Symbol der Göttin Maat), bedeutete dies, dass der Verstorbene kein gutes Leben geführt hatte. Dann würde ihn der Totenfresser Ammit ⑤ mit dem Kopf eines Krokodils verschlingen. Wenn der Verstorbene die Prüfung jedoch bestand, hielt der Schreibergott Thot ⑥ das Ergebnis fest. Nun führte Horus ⑦ den Verstorbenen vor den Thron des Osiris ⑧. Dargestellt wird dieser mit den Herrschaftszeichen eines Pharaos: Krone, Bart, Krummstab und Geißel. Hinter ihm stehen die Göttinnen *Nephthys und Isis ⑨.

* **Myrrhe**
ein Harz

* **Natronlauge**
Sie entzieht dem Körper Wasser und verhindert dessen Verwesung.

* **Nephtys und Isis**
Diese beiden Göttinnen unterstützten und beschützten Osiris und dienten somit als Schutzgöttinnen für die Verstorbenen.

1. Beschreibe anhand von Bild 1 und Q1 die einzelnen Arbeitsschritte der Mumifizierung.
2. Erläutere die Bedeutung der Götter für den Glauben im alten Ägypten.
3. Ein ägyptischer Priester erzählt einem griechischen Händler vom Glauben der Ägypter und ihrem Totenkult. Nimm die Rolle des erzählenden Priesters ein, indem du Bild 2 und den Text dieser Seite zu Hilfe nimmst.
4. Bringe die einzelnen Figuren des Totengerichts zum Sprechen. Formuliere Sprechblasen und spiele die Szene mit deinen Mitschülerinnen und Mitschülern nach.

Wie bauten die Ägypter die Pyramiden?

1 – Einebnen des Baugeländes für die Pyramiden.

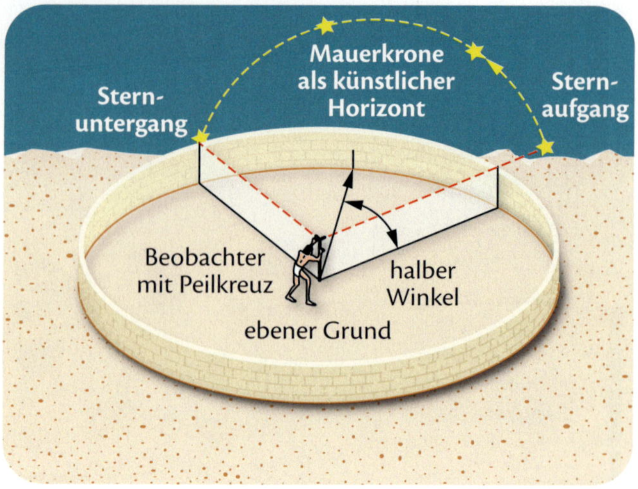

2 – Feststellen der Nord-Süd-Richtung.

Wie war der Bau möglich?
Noch heute geben uns die Pyramiden viele Rätsel auf. Manches dazu ist erforscht, bei anderen Fragen tappen die Wissenschaftler auch nach 4500 Jahren noch im Dunkeln.
Schon zu Beginn seiner Regierungszeit gab der Pharao den Bau einer Pyramide in Auftrag. Sie sollte sein künftiges Grabmal werden. Nachdem man ein Grundstück nahe am Nil gefunden hatte, musste das Gelände vollkommen eben planiert werden. Wahrscheinlich wurden dazu Gräben in den Fels gemeißelt und mit Wasser gefüllt. An dem überall gleich hohen Wasserstand wurden dann Markierungen angebracht. Danach entfernte man das Wasser und schlug das überstehende Gestein ab (Bild 1).
Der Eingang der Pyramide sollte genau nach dem Polarstern nach Norden ausgerichtet sein. Dazu baute man eine kreisrunde Mauer. Ein Priester stellte sich in die Mitte und markierte den Aufgang eines Sterns im Osten auf der Mauer. Das gleiche tat er beim Sonnenuntergang. Die Mittellinie des Winkels zwischen sich und den beiden Punkten auf der Mauer zeigte genau nach Norden (Bild 2).

Pyramidenbau: Ein riesiger Aufwand
Heute weiß man durch Steinproben, dass die gewaltigen Brocken für den Pyramidenbau aus nahezu allen Kalksteingebieten Ägyptens kamen.
Sie wurden zumeist mit Schiffen zur Baustelle gebracht, mit einfachen Werkzeugen bearbeitet und genau abgemessen. Danach wurden sie vermutlich an Seile gebunden und auf Ziehschlitten von vielen Arbeitern auf Rampen nach oben gezogen. Der griechische Geschichtsschreiber Herodot glaubte, der Pharao habe 100 000 Mann in dreimonatigen Schichten mit Zwang dazu gebracht, für ihn zu arbeiten. Heute gehen die Forscher davon aus, dass kaum mehr als 5000 Arbeiter 25–30 Jahre ständig direkt an der Baustelle tätig waren. Sie wohnten in eigens angelegten Arbeitersiedlungen. Weitere 10 000 waren in den Steinbrüchen und mit dem Transport der Steine beschäftigt. Wenn der Nil die Felder überschwemmte, gingen die Bauern circa drei Monate zur Baustelle. Sie taten es freiwillig, denn sie bekamen Nahrung für die ganze Familie und hofften, dass der Pharao auch im Jenseits für sie sorgen würde.

3 – Transport von Steinen für den Pyramidenbau auf dem Nil.

5 – Es wurden Ziehschlitten genutzt, um die Steine bis zur Baustelle zu transportieren.

4 – Die Steine mussten bearbeitet werden, um die passende Form und Größe zu erhalten.

Viele Theorien

Die Frage, wie die Ägypter die tonnenschweren Steinblöcke auf die immer höher werdende Pyramide brachten, ist bis heute nicht beantwortet. Es gibt viele Erklärungsversuche und doch ist das Rätsel noch nicht vollends gelöst. Wurde die Pyramide von innen nach außen oder von außen nach innen gebaut? Wurden Rampen genutzt? Und wenn ja, war es eine riesige Rampe oder eine um die Pyramide laufende Rampe oder waren es vielleicht mehrere kleine? Und wie gelangte schließlich der riesige Steinsarg des Pharaos Cheops in die Grabkammer?

Archäologinnen/Archäologen und andere Wissenschaftler diskutieren auch immer wieder die Möglichkeit, dass die Ägypter bereits Maschinen besaßen, mit denen die riesigen Gewichte bewegt werden konnten. Da es jedoch bislang keine Funde gibt, die diese Theorie bestätigen, bleibt der Entstehungsprozess der Pyramiden ein Rätsel.

1 Versetze dich in die Lage eines Arbeiters auf den Bildern 1–5. Beschreibe deinen Klassenkameraden deine Gedanken und Arbeitsschritte in der Ich-Form.

2 Erläutere mithilfe der Bilder und der Texte dieser Doppelseite, warum der Bau der Pyramiden mühselig war und lange dauerte.

3 Bis heute konnten nicht alle Rätsel des Pyramidenbaus geklärt werden. Unterscheide nun in einer Tabelle: Was weiß man über den Pyramidenbau – was wird vermutet?

▶ *Du kannst die Tabelle so beginnen:*

Wissen	*Vermutung*
– *Die Steine für den Bau stammten aus verschiedenen Gebieten Ägyptens.*	…

4 Informiere dich im Internet über die verschiedenen Theorien zum Pyramidenbau und fertige dazu eine Wandzeitung an. Welche Theorie überzeugt dich am meisten? Begründe deine Meinung.

Webcode: EV658268-079

Warum bauten die Ägypter Pyramiden?

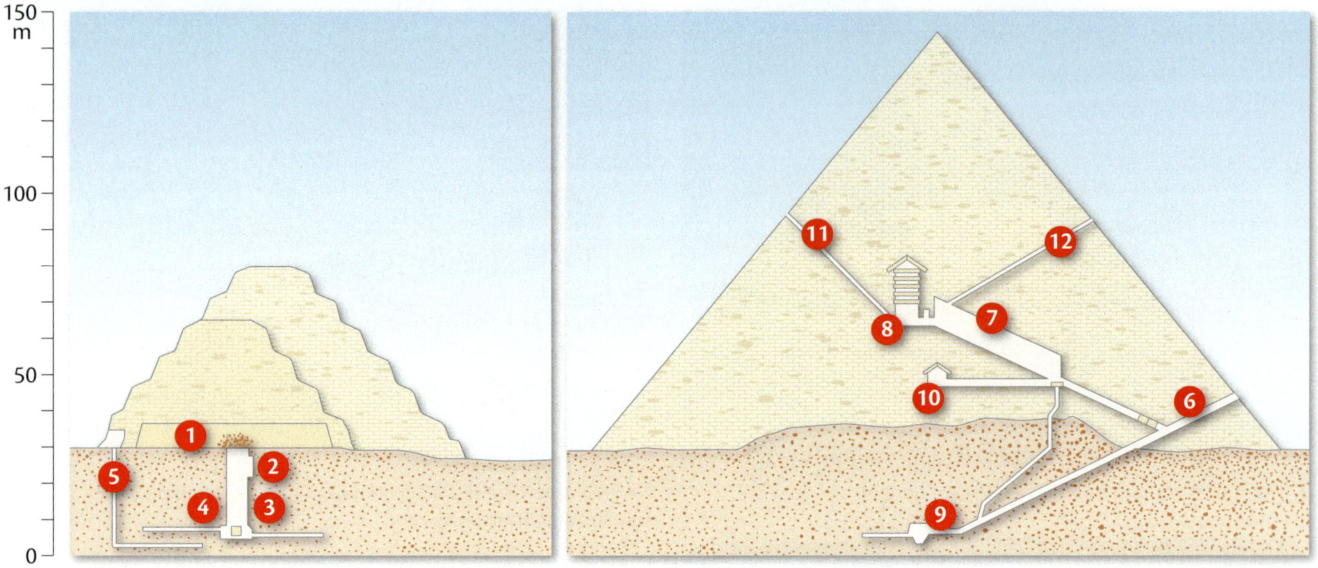

1 – Stufenpyramide des Königs Djoser und Pyramide des Cheops.

① ursprünglicher Grabbau
② großer Schacht
③ Sarkophag
④ Nebenkammern
⑤ Zugang zur Grabkammer der Königin
⑥ Korridor zu den Sargkammern
⑦ große Galerie
⑧ Sargkammer mit Sarkophag
⑨ ursprüngliche Sargkammer
⑩ entworfene Sargkammer
⑪ Luftschacht zur Grabkammer
⑫ Luftschacht zur Galerie

* Cheops-Pyramide
Die heutige Höhe der Pyramide beträgt 138,75 m.

Bauwerke für die Ewigkeit

Die großen Pyramiden von Gizeh liegen ganz in der Nähe von Kairo, der heutigen Hauptstadt Ägyptens. Sie sind das weithin sichtbare Wahrzeichen des Landes, etwa 4500 Jahre alt. Dabei waren sie nicht die ersten Bauwerke für die Ewigkeit. Schon circa 100 Jahre vorher hatte sich König Djoser eine stufenförmige Grabanlage erbauen lassen. Gemeinsam mit seinem genialen Architekten Imhotep hatte er wahrscheinlich folgenden Plan: die über seiner vorgesehenen Grabkammer erbaute Steinfläche (Steinbank), wurde vergrößert und darauf immer kürzere Steinbänke errichtet. So entstand eine 60 Meter hohe Stufenpyramide. Diese Pyramide war Vorbild für alle weiteren Pyramiden. Viele davon finden wir heute noch am Westufer des Nils. Die erste Pyramide mit glatten Seitenflächen stammt vermutlich von König Snofru. Noch bekannter wurde dessen Sohn oder Stiefsohn – Cheops.

Die *Cheops-Pyramide – ein Weltwunder

Die Pyramide des Pharaos Cheops ist die größte jemals errichtete Pyramide. Der Bau dauerte vermutlich 20 bis 25 Jahre. Üblich war, dass ein Pharao den Bau seines Grabmals gleich zu Beginn der Regierungszeit in Auftrag gab. Ursprünglich war die Cheops-Pyramide 146 m hoch und damit über 4000 Jahre das höchste Bauwerk der Welt. Erst um 1300 verdrängte die Kathedrale von Lincoln in Mittelengland die Pyramide von diesem Spitzenplatz. Rekordverdächtig sind auch andere Angaben. Ihre Seitenlängen betragen jeweils 230 Meter. Auf der Grundfläche hätten also sieben Fußballfelder Platz. Verbaut wurden schätzungsweise 2,3 Millionen Kalksteinblöcke, wobei jeder Stein mehr als 2000 Kilogramm (zwei Tonnen) wog. Zum Vergleich: ein Auto mittlerer Größe wiegt etwa eine Tonne. Diese Steinkolosse wurden aus nahegelegenen Steinbrüchen zur Baustelle gebracht (siehe S. 79).

2 – Pyramidenbaustelle. Illustration.

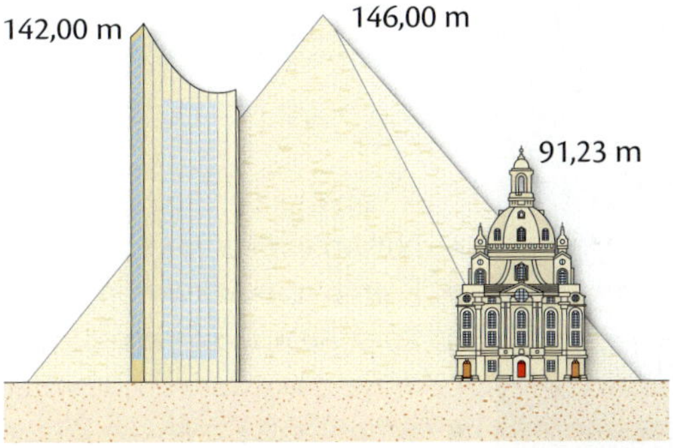

4 – *Cheops-Pyramide, Leipziger „Weisheitszahn“ (City-hochhaus) und Dresdner Frauenkirche im Größenvergleich.

Wer baute die Cheops-Pyramide?
Die oberste Bauleitung hatte der Wesir Hemiunu. Neben technischen Fragen werden auch organisatorische Probleme für ihn eine große Herausforderung gewesen sein: Wie sollten die schweren Steinblöcke aus dem Fels geschnitten und zur Baustelle gebracht werden? Welche Werkzeuge werden dringend benötigt? Welche verschiedenen Arbeiter müssen angeworben werden? Wie sollen die Arbeiter versorgt und untergebracht werden?

3 – Wesir Hemiunu.

1 Eine Pyramide soll gebaut werden. Der Wesir erklärt den Arbeitern, welche Aufgaben erledigt werden müssen. Ermittle mithilfe von Bild 2 die Reihenfolge der Arbeitsschritte.

▶ *1. Beschaffung und Transport der Steine auf … 2. …*

2 Untersuche die abgebildeten Pyramiden anhand der in Text und Bild genannten wesentlichen Elemente (Kriterien).

▶ *Übertrage die Tabelle in dein Heft und fülle die Lücken.*

	Djoser-Pyramide	*Cheops--Pyramide*
Form	…	…
Auftraggeber	…	…
Aufbau/innere Räume	…	…

3 Zum Bau der Pyramiden waren viele unterschiedliche Berufsgruppen notwendig. Erstelle aufgrund deines Vorwissens, des Textes auf den beiden Seiten und der Bilder eine Liste aller Berufe, die zum Bau der großen Pyramiden erforderlich waren.

Methode

Eine Mindmap erstellen

Gedanken sammeln und anordnen
Wenn du dir über ein Thema Gedanken machen und Informationen zusammentragen sollst, ist es sinnvoll, diese in eine übersichtliche und geordnete Form zu bringen. Neben dem Erstellen einer Tabelle oder eines Clusters ist das Zeichnen einer Mindmap ein geeignetes Vorgehen. Hier werden Gedanken nicht hinter- oder untereinander notiert, sondern es entsteht – wie es der englische Begriff schon sagt – eine Gedankenkarte.

Eine Mindmap kann nicht nur Wissen aus einem vorgegebenen Text ordnen, sondern auch eigene Gedanken in eine Form bringen. Dabei kann die Mindmap immer wieder ergänzt und erweitert werden.
Neben handschriftlichen Gedankenkarten ist es möglich, eine Mindmap auch am Computer zu erstellen.

Die folgenden Schritte helfen dir, eine Mindmap zu erstellen:

Schritt 1
Thema festlegen und Informationen sammeln

- Wähle ein Thema aus, über das du etwas erfahren möchtest.
- Suche dazu Texte und/oder Bilder.
- Unterstreiche nützliche Informationen zum Thema im vorliegenden Text.
- Überlege, welche Begriffe zusammengehören, und finde Überschriften.

Schritt 2
Mind-Map zeichnen

- Nimm ein Papier zur Hand.
- Formuliere das Thema in der Mitte, am besten umrahmst du es.
- Zeichne nun so viele dicke Hauptlinien vom Thema in der Mitte nach außen, wie du Überschriften gefunden hast.
- Schreibe diese an die Enden der Hauptlinien.
- Davon ausgehend zeichnest du weitere, dünnere Zweige. Notiere an deren Ende dazugehörige Stichworte.

Schritt 3
Symbole und Farben einfügen

- Die Überschriften und besonders wichtige Stichpunkte solltest du jetzt durch Unterstreichen oder verschiedene Farben hervorheben. So kannst du auf einen Blick erkennen, was Ober- und Unterpunkte sind.
- Zum besseren Einprägen kannst du Symbole oder einfache Zeichnungen zu den einzelnen Überschriften malen.

1 Betrachte die Mindmap 1 und erkläre den Aufbau.

2 Gib die Informationen, die du herauslesen kannst, in einem kurzen Vortrag wieder.

3 Erstelle nun selbst eine Mindmap zum gesamten Kapitel „Ägypten – Beispiel einer Hochkultur“ in deinem Heft.

▶ *Die vorgegebene Mindmap 2 kann dir den Anfang erleichtern.*

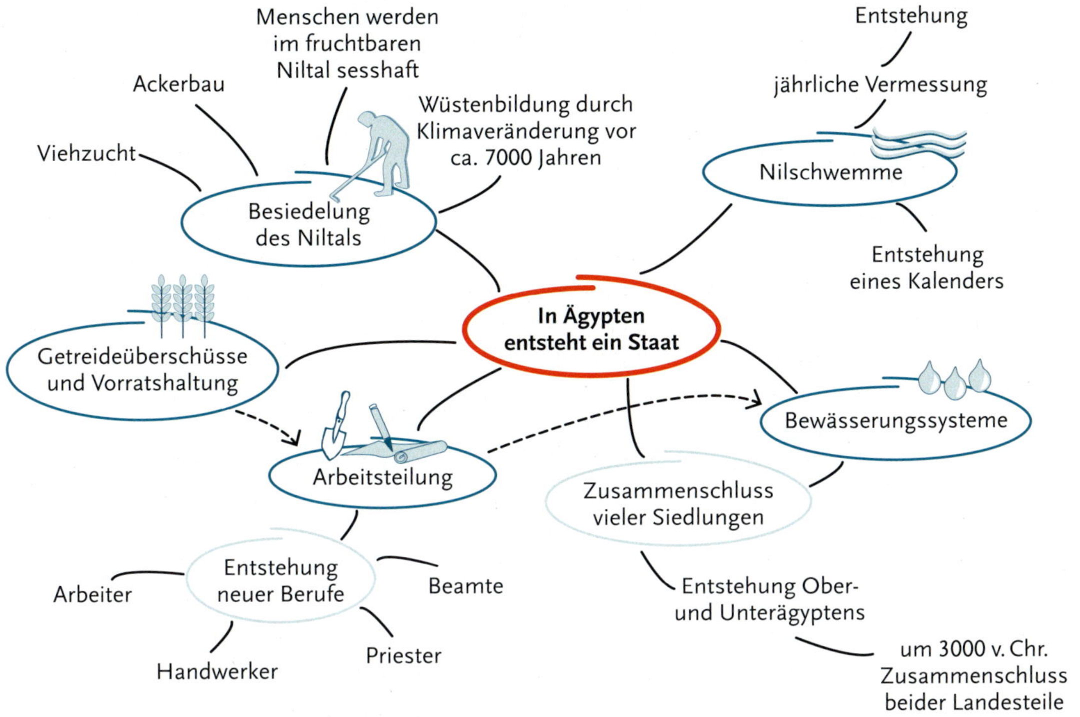

1 – Mindmap: In Ägypten entsteht ein Staat.

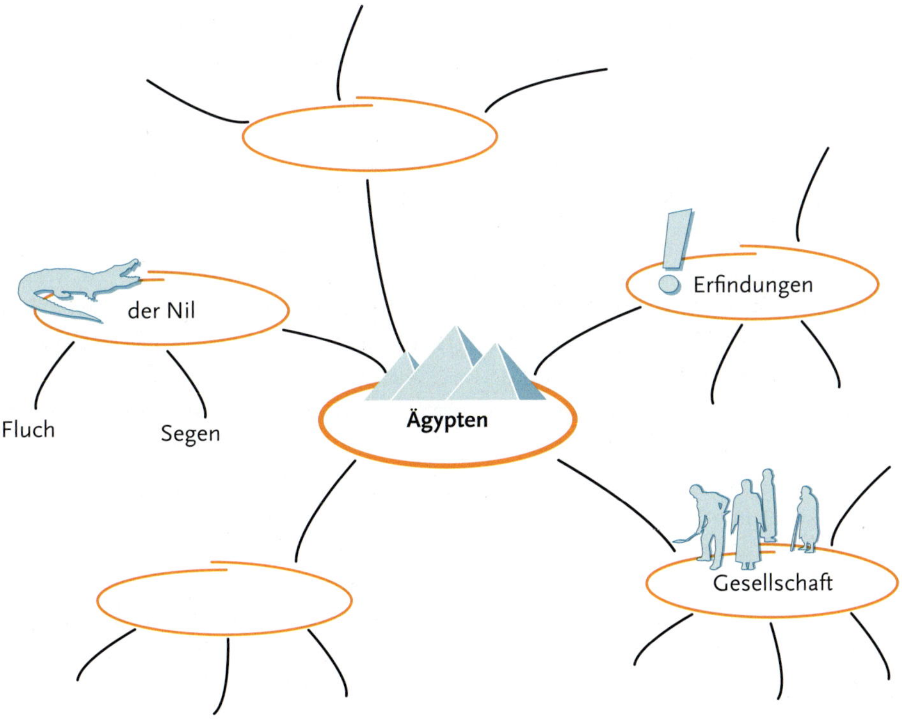

2 – Mindmap: Ägypten – Beispiel einer Hochkultur.

Weitere Hochkulturen

Wo gab es weitere Hochkulturen?

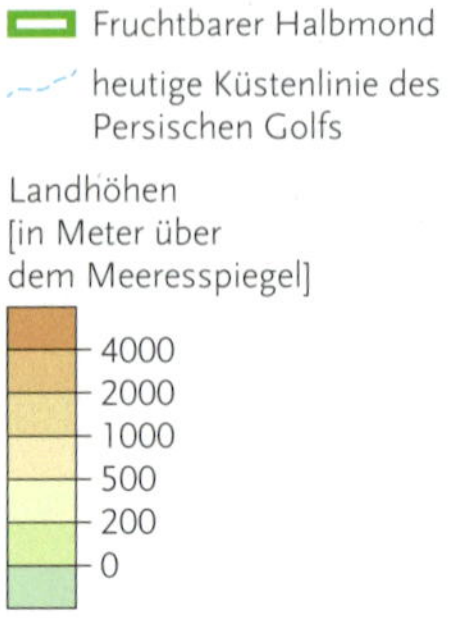

1 – Der Vordere Orient um 3000 v. Chr.

Keilschrift aus Mesopotamien. Auf der Tontafel wird über den Verkauf eines Hauses und eines Feldes berichtet. Unten ist das Bild in der Vergrößerung zu sehen. Ca. 2600 v. Chr.

Das Land zwischen den Flüssen

Etwa zur gleichen Zeit wie in Ägypten entstand auch in Mesopotamien eine Hochkultur. Mesopotamien heißt wörtlich übersetzt „zwischen den Flüssen“, gemeint sind Euphrat und Tigris. Dieses Gebiet gehört heute zu den Ländern Irak, Iran und Syrien. Seit dem 5. Jahrtausend v. Chr. siedelten hier die Sumerer, ein Bauernvolk aus den Gebirgen im Osten und Nordosten des Landes.
In jedem Frühjahr traten die Flüsse über ihre Ufer. Zurück blieb, wie in Ägypten, fruchtbarer Lehmboden, auf dem Gemüse und Getreide prächtig wuchsen. Allerdings mussten die Felder auch regelmäßig bewässert werden, da die heißen Sommer den Boden schnell austrockneten. Die Sumerer begannen deshalb Kanäle und Wassergräben zu ziehen und Dämme zum Schutz vor Hochwasser zu bauen.

Städte entstehen

Wegen der Fruchtbarkeit der Böden zogen immer mehr Menschen in dieses Gebiet. Seit etwa 3000 v. Chr. gab es auch hier große Städte mit mehreren tausend Einwohnern, riesigen Tempelanlagen, neuartigen Torbögen, Gewölben und Kanalisation. Babylon, Susa, Ur und Uruk waren die größten Städte. Jede Stadt wurde von einem König regiert. Ähnlich wie in Ägypten gab es auch hier eine Priesterschaft und einen Beamtenapparat. Letzterer war im Auftrag des Königs tätig und berechnete u. a. die Steuerverpflichtungen.

Die Keilschrift entsteht

Priester, Verwaltungsbeamte und viele Kaufleute waren darauf angewiesen, die religiösen Vorschriften, die gezahlten Steuern und ihre Geschäfte schriftlich festzuhalten. Anfangs entwickelten die Sumerer Bildzeichen und Zeichen für Zahlen. Da das Einritzen dieser Bildzeichen in Ton aber sehr aufwändig war, vereinfachten sie diese und ritzten von nun an keilförmige Linien in feuchten Ton – die sogenannte Keilschrift war entstanden (Bild Randspalte).

Erfindungen erleichtern das Leben

Den Sumerern verdanken wir aber auch zahlreiche andere Erfindungen. Sie erfan-

2 – Hammurabis Gesetzessäule. Diese Abbildung auf dem oberen Teil der Säule zeigt Hammurabi (links), der in ehrfürchtiger Haltung die Gesetze aus der Hand des Sonnengottes entgegennimmt. Basaltstein, um 1700 v. Chr., Höhe 2,23 m.

3 – Das Ischtartor, ein Stadttor aus Babylon, kann heutzutage im Berliner Pergamonmuseum besichtigt werden.

den das Rad, den Metallpflug, Münzgeld und ein malzhaltiges Getränk, das heutigem Bier ähnelte. Bronze konnten sie sogar bereits 1000 Jahre vor der Erfindung der Bronze in Europa herstellen. Maße und Gewichte hatten sie einheitlich festgelegt und ihr Rechensystem blieb bis heute in der Zeiteinteilung erhalten.

Die Gesetze des Königs Hammurabi
Zwischen den Städten in Mesopotamien kam es immer wieder zu Kämpfen. Schließlich gelang es Hammurabi, dem Herrscher von Babylon (um 1728–1686 v. Chr.), ein Reich zu gründen, das alle Gebiete zwischen Euphrat und Tigris vereinte. Um Streit zu vermeiden, sollten sich alle Untertanen an feste Regeln und Gesetze halten. Diese 282 Gesetze ließ er auf einer Steinsäule einmeißeln – das erste schriftliche Gesetz war entstanden.

Q1 In der von Hammurabi aufgestellten Gesetzessammlung heißt es unter anderem:
1. Wenn ein Bürger einen (anderen) Bürger bezichtigt und ihn mit Mordverdacht belastet, es ihm aber nicht beweist, so wird derjenige, der ihn bezichtigt hat, getötet. ...
53. Wenn ein Bürger ... den Deich nicht befestigt hat, ... so ersetzt der Bürger, in dessen Deich die Öffnung entstanden ist, das Getreide, das er vernichtet hat. ...
148. Wenn ein Bürger eine Frau zur Ehe genommen hat und sie krank wird, er eine andere zu nehmen sich vornimmt, so kann er sie nehmen. Von seiner Ehefrau, die die Krankheit ergriffen hat, kann er sich nicht scheiden. In einem Haus, das er gebaut hat, wohnt sie, und solange sie am Leben ist, unterhält er sie. ...
196. Wenn ein Bürger das Auge eines Bürgersohnes zerstört, so zerstört man sein Auge. ...
200. Schlägt ein Bürger den Zahn eines ihm ebenbürtigen Bürgers aus, so schlägt man seinen Zahn aus. ...

1 Suche die im Text genannten Städte auf Karte 1.
2 Erkläre die Darstellung des Königs in Bild 2.
▶ *Nimm die Bildunterschrift zu Hilfe.*
3 Vergleiche die Gesetze in Mesopotamien mit Gesetzen und Regelungen, die du von heute kennst.
4 Beantworte mithilfe der Materialien dieser Doppelseite die Frage „War Mesopotamien eine Hochkultur?“. Begründe ausführlich.
5 Recherchiere zur Bedeutung des Ischtartores (Bild 3) im alten Babylon und berichte deiner Klasse in einem Kurzvortrag.
6 Bewerte aus deiner Sicht die Gesetze in Mesopotamien.

Webcode: EV658268-085

Über den Tellerrand geschaut

Gab es weitere frühe Hochkulturen?

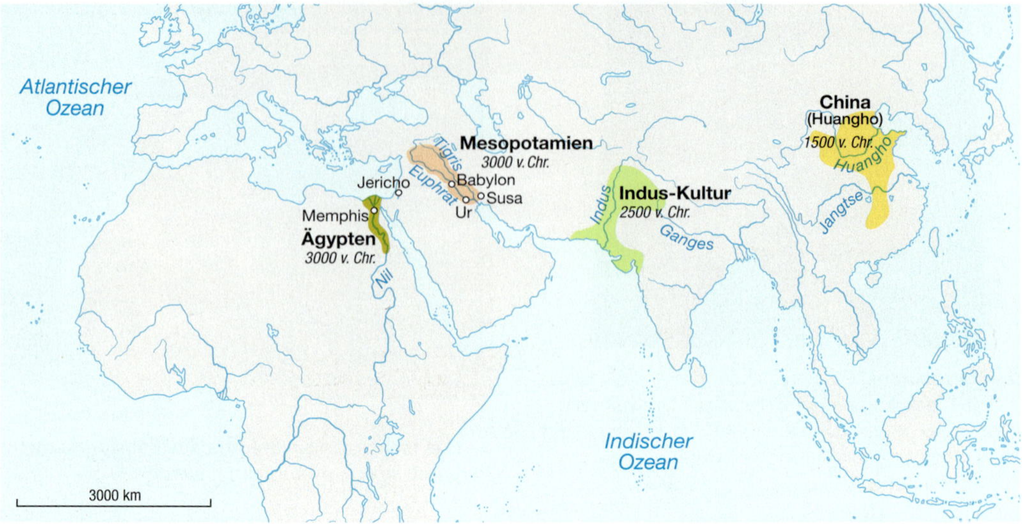

1 – Frühe Hochkulturen.

Siegel aus dem Industal mit Bild eines Elefanten sowie Schriftzeichen.

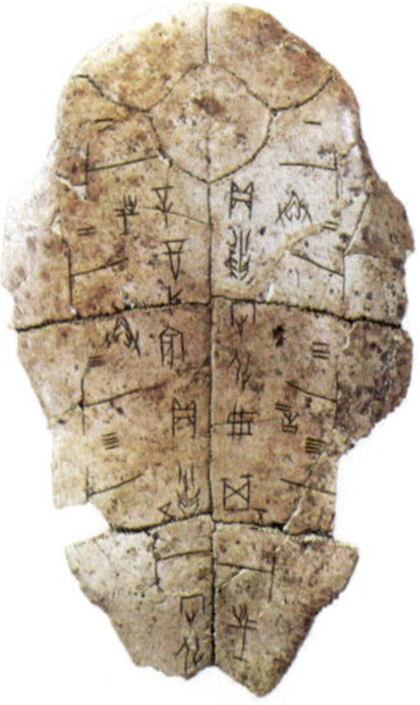

Altchinesische Schriftzeichen auf einem Schildkrötenpanzer aus der Zeit der Shang-Dynastie (1766–1122 v. Chr.).

Hochkulturen im heutigen Asien

Wie in Ägypten und Mesopotamien haben sich die Menschen in anderen Ländern die Eigenschaften von großen Flüssen zunutze gemacht. So entstanden nicht nur an Nil, Euphrat und Tigris neue Hochkulturen, sondern auch an anderen Strömen, z. B. im heutigen Indien und in China.

Am Fluss Indus wuchs etwa 2800 v. Chr. eine Kultur heran, deren Spuren erst 1844 entdeckt wurden. Seitdem wurden über 140 Städte und Siedlungen gefunden. Alle Siedlungen wurden nach dem gleichen Plan angelegt, sodass alle Ortschaften gleich aufgebaut waren. In dieser Indus-Kultur baute man bereits mit gebrannten Ziegeln, benutzte gepflasterte Straßen und kannte Räder und Wagen. Es gab sogar eine Schrift, die aber bis heute noch nicht entschlüsselt ist. Auch deswegen weiß man über Gesellschaft, Glauben und den Staatsaufbau der Indus-Kultur nur sehr wenig.

Frühe chinesische Schriftzeichen

Etwas später entstand zwischen den Flüssen Huang He und Jangtse im heutigen China ein großes Gebiet von Siedlungen. Der Legende nach wurden sie etwa um 2200 v. Chr. zu einem Reich vereinigt. Darüber finden wir viele Quellen und wissen deswegen über diese Zeit sehr gut Bescheid. Nicht zuletzt, weil auch hier eine Schrift benutzt wurde, die als Urform für die heutigen chinesischen Schriftzeichen gilt.

1. Suche die Gebiete der beschriebenen Hochkulturen auf Karte 1. Notiere mithilfe eines Atlas, welche Länder sich heute dort befinden.
2. Erkläre, warum große Flüsse die Entstehung von Hochkulturen begünstigten.
3. Untersuche, welche Auswirkungen Flüsse auf das Leben der Menschen heute haben. Verfasse dazu einen kurzen Text.
   ▶ *Beachte dabei folgende Aspekte: Wirtschaft, Freizeit, Ernährung, …*

Das kann ich …

Ägypten – Beispiel einer Hochkultur

Wichtige Begriffe

Nil
Kalender
Geometrie
Bewässerungssystem
Schaduf
Pharao
Pyramiden
Wesir
Hieroglyphen
Mumien

Wissen und erklären

1 Erklärt euch gegenseitig die wichtigen Begriffe.

2 Diskutiert untereinander die Frage, woran man erkennen kann, dass Ägypten eine Hochkultur war.

▶ *Die obigen Begriffe können euch bei der Beantwortung der Frage helfen.*

Anwenden

3 Übertragt die Mindmap in euren Hefter und ergänzt sie.

4 Skizziert die Gesellschafts-Pyramide ebenfalls und ergänzt in den Lücken die passenden Begriffe.

5 Beschreibt euch gegenseitig die Aufgaben der einzelnen Bevölkerungsschichten.

Beurteilen und Handeln

6 Beurteilt den Reisebericht Q1 von Herodot aus der Sicht eines ägyptischen Bauern.

7 Verfasst einen Antwortbrief an Herodot.

▶ *Lieber Herodot, ganz so einfach ist es nicht …*

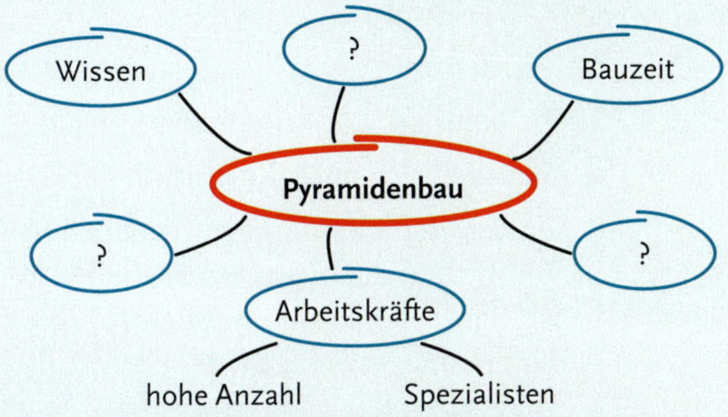

1 – Mindmap zum Pyramidenbau.

Q1 Im 5. Jahrhundert v. Chr. schrieb der griechische Geschichtsschreiber Herodot, nachdem er Ägypten besucht hatte:
… Offenbar sind die Gebiete Ägyptens, die von den Griechen zu Schiff besucht werden, Neuland und ein Geschenk des Nils, … die Ägypter ernten den Ertrag ihres Bodens so mühelos wie kaum andere Menschen Sie haben es nicht nötig, mühevoll mit dem Pflug Furchen zu ziehen, den Boden zu hacken oder sonst Feldarbeiten zu tun, womit sich andere auf dem Acker plagen. Der Strom kommt von selbst, bewässert die Äcker und fließt dann wieder ab. Dann besät jeder seinen Acker und treibt die Schweine darauf. Wenn er die Tiere die Saat hat festtreten lassen, wartet er ruhig die Ernte ab …

2 – Aufbau der ägyptischen Gesellschaft.

Webcode: EV658268-087
Selbsteinschätzungsbogen

Hier spielt die Geschichte …

Ägypten – Beispiel einer Hochkultur

Das NIL-Spiel

Spielanleitung:

1. Ihr benötigt 2–4 Mitspieler, Spielsteine sowie einen Würfel.
2. Wer die höchste Zahl würfelt, darf beginnen. Es wird im Uhrzeigersinn gespielt.
3. Jeder Mitspieler darf einmal würfeln und setzt entsprechend der Anzahl seinen Spielstein. Wenn man dabei auf ein Fragefeld kommt, muss man die entsprechende Frage beantworten. Hilfreich kann ein Blick auf das zur Frage gehörende Bild sein. Ist die Antwort korrekt, darf man drei Felder vorrücken, falls nicht, geht man drei Felder zurück.
4. Gewonnen hat derjenige Spieler, der als erster nach einer Kreuzfahrt über den Nil sein fruchtbares Delta wieder erreicht. Der Sieger darf seinen Mitspielern nun helfen.

Fragefeld 1

Du hilfst bei der Ernte dieser für das Schreiben wichtigen Pflanze.

Wie heißt sie?

Fragefeld 2

Die Pyramiden von Gizeh sind das einzig noch erhaltene antike Weltwunder.

Nenne zwei weitere antike Weltwunder.

Fragefeld 3

Wer war der höchste Beamte im Staat Ägypten?

Nenne zwei Aufgaben von ihm.

Fragefeld 4

Diesen Totentempel ließ eine Pharaonin errichten. Sie sorgte für Frieden im Land und ließ eine Expedition nach Ostafrika durchführen.

Wie hieß sie?

Fragefeld 5

Ägypten ist ein Wüstenland, in dem es sehr heiß und trocken ist.

Erkläre, warum es trotzdem fruchtbare Felder besitzt.

Fragefeld 6

Der Assuan-Staudamm dient heute der Regelung des Nilwassers. Durch den entstandenen Nassersee, der als drittgrößter Stausee der Welt gilt, mussten viele alte Tempelanlagen verlegt oder geflutet werden.

Du musst 5 Felder zurückgehen.

Fragefeld 7

Das Tal der Könige ist so sehenswert, dass man länger braucht, um die Begräbnisstätten genauer anzuschauen.

Du musst einmal aussetzen.

Fragefeld 8

Im Bild zu Fragefeld 8 siehst du die Schriftzeichen der alten Ägypter.

Wie heißen diese Schriftzeichen und was bedeutet diese Bezeichnung übersetzt?

Fragefeld 9

Der Nil ähnelt auf dem Spielfeld einer Kobra.

Welche Bedeutung hatte diese sogenannte Uräusschlange?

Fragefeld 10

In Kairo kann man heute noch die Totenmaske eines berühmten Pharaos ansehen.

Zu welchem Pharao gehört die Maske?

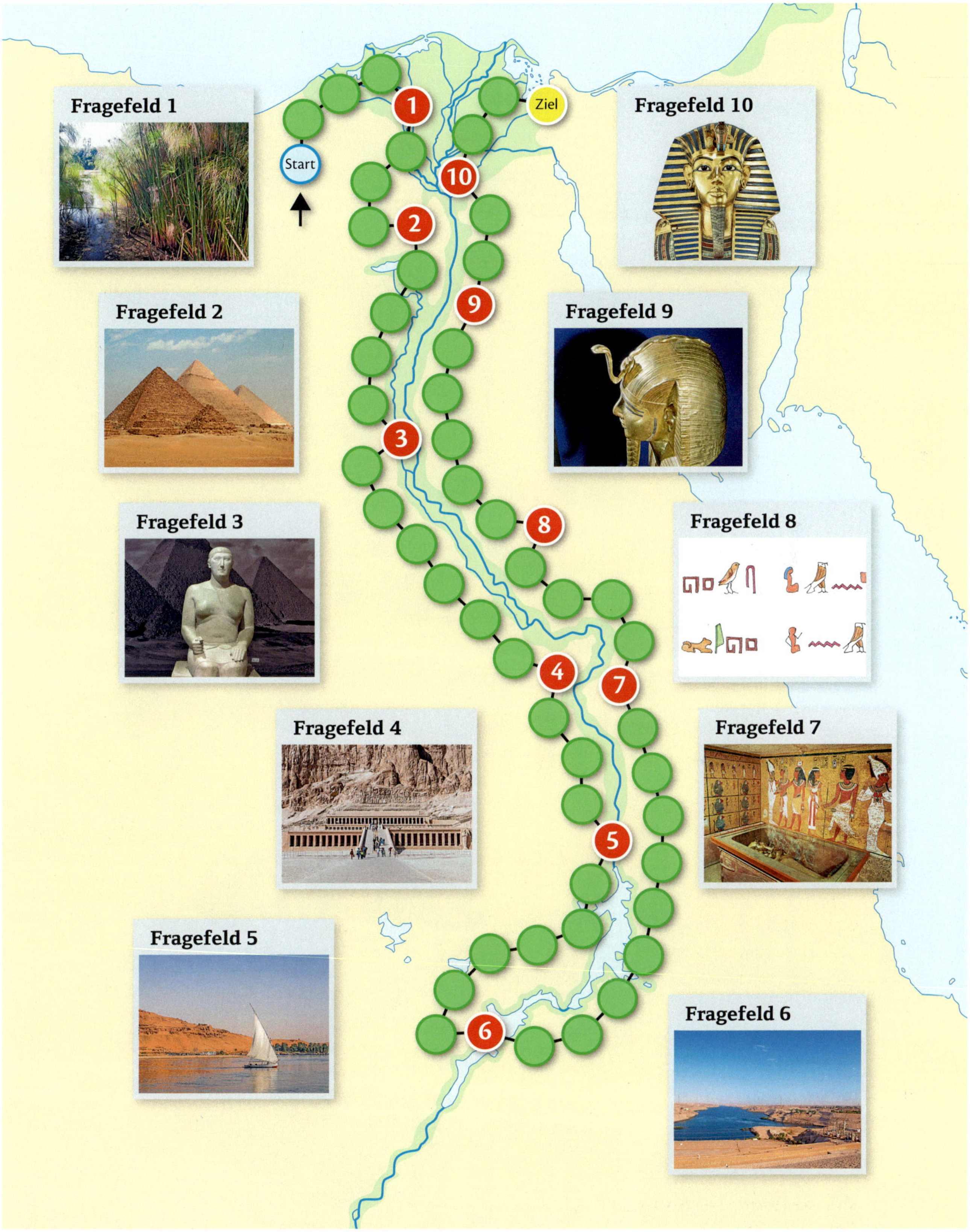
Start
Ziel
Fragefeld 1
Fragefeld 2
Fragefeld 3
Fragefeld 4
Fragefeld 5
Fragefeld 6
Fragefeld 7
Fragefeld 8
Fragefeld 9
Fragefeld 10

4 Griechenland als Wurzel der europäischen Kultur

Mit der List des klugen Odysseus gelang es den Griechen, Troja zu erobern. Versteckt in einem hölzernen Pferd kamen sie in die Stadt, die sie zuvor zehn Jahre lang vergeblich belagert hatten. Überall im antiken Griechenland wurde die Sage dieses Kriegs erzählt, die auch heute noch fasziniert. Aber es sind nicht nur die unzähligen Mythen und Sagen, sondern vor allem die Leistungen auf den verschiedensten Gebieten im antiken Griechenland, die uns bis heute beeindrucken. Wer waren also diese Griechen, die schon in der Antike als vorbildlich galten? Und was haben sie uns hinterlassen?

4 Griechenland als Wurzel der europäischen Kultur

ab 776 v. Chr.

Erste Olympische Spiele

1 – Das antike Griechenland und Griechenlands Lage in Europa heute (kleine Karte).

Neben spannenden Sagen, wie jenen um den Trojanischen Krieg und Odysseus, den sagenhaften König der Insel Ithaka (siehe Karte 1) waren es vor allem die Errungenschaften im politischen, wissenschaftlichen und kulturellen Bereich, die Griechenland zur Wurzel der europäischen Kultur machten. Hier regierten – anders als in Ägypten – ab etwa dem 7. Jh. v. Chr. keine Könige mehr. Stattdessen entstand Stück für Stück ab dem 5. Jh. v. Chr. zum ersten Mal in der Geschichte eine neue Gesellschaftsform – die Demokratie; das Volk herrschte. Auch in der Baukunst (Architektur) und der Sportwelt (Olympische Spiele) wirkt das antike Griechenland bis heute nach und prägt damit auch unsere Kultur.

Am Ende des Kapitels kannst du folgende Fragen beantworten:

- Warum gab es kein großes griechisches Reich, sondern viele kleine Stadtstaaten?
- Warum verließen viele Griechen ihre Heimat und welche Auswirkungen hatte diese Kolonisation?
- Welche Bedeutung hatten die Olympischen Spiele damals und heute?
- Wie konnten die athenischen Bürger am politischen Leben teilnehmen?
- Welche Rolle spielten die Perserkriege für die Entwicklung der griechischen Demokratie?
- Welchen Einfluss hat die griechische Kultur bis heute auf das Leben der Menschen in Europa?
- Wie untersuche ich Bilder und Symbole?
- Wie bilde ich mir ein Urteil?

ab 750 v. Chr.	ab Ende 7. Jh. v. Chr.	ab 5. Jh. v. Chr.	500–479 v. Chr.	um 490–429 v. Chr.
Beginn der großen Kolonisation Wirkungszeit des Dichters Homer	Reformen des Solon und Kleisthenes	Beginn der Entwicklung der Demokratie in Athen und Blütezeit Athens	Perserkriege	Perikles

Opa, sag mal ...

Opa: Na Stella, ist alles in Ordnung mit dir? Du siehst so niedergeschlagen aus.

Stella: Ach Opa, ich habe mich mit meiner besten Freundin Helena gestritten.

Opa: Das ist ja schade. Aber vielleicht kann dich eine kleine Geschichte über eine andere Helena aufmuntern. Sie spielt im antiken Griechenland.

Stella: Gern, Opa. Hat diese Helena sich auch mit jemandem gestritten?

Opa: Nicht ganz. Die Geschichte beginnt so: Prinz Paris aus der großen Stadt Troja sollte entscheiden, welche Göttin die schönste sei – Athene, Hera oder Aphrodite. Der Siegespreis sollte ein goldener Apfel sein. Jede versprach ihm nun tolle Dinge, wenn er sich für sie entschiede. Die Liebesgöttin Aphrodite zum Beispiel wollte ihm die schönste Frau der Welt, die schöne Helena, zur Gemahlin geben. Das überzeugte Paris und er überreichte Aphrodite den goldenen Apfel. Da die anderen beiden Göttinnen beleidigt waren, nennt man ihn auch Zankapfel.

Stella: Zanken erinnert mich gleich wieder an meine Helena ...

Opa: Ja, wegen der besagten schönen Helena, die sich nun in Paris verliebte, brach ein heftiger Streit im antiken Griechenland aus. Sie war nämlich bereits mit König Menelaos von Sparta verheiratet. Darum entführte Paris sie in seine Heimatstadt Troja. Menelaos ließ sich das nicht gefallen und begann mit seinem Bruder und vielen anderen griechischen Königen, wie dem schlauen Odysseus, gegen Troja Krieg zu führen.

Stella: Also gab es nur wegen Helena Krieg?

Opa: Der Sage nach ja, ob das wirklich so war, können wir heute nicht mehr nachvollziehen. Der Krieg soll auch erst nach zehn Jahren durch die List des schlauen Odysseus mit dem Trojanischen Pferd beendet worden sein.

Stella: Zehn Jahre Streit wegen einer Helena und eines Zankapfels? Nein, da esse ich lieber einen roten Trostapfel und vertrage mich mit meiner Freundin.

1 Beschreibe mithilfe der Karte 1 die Landschaft Griechenlands und seine Lage in Europa.
▶ *Zu Griechenland gehören viele Inseln. Das Festland ist ...*

2 Übertrage eine Landschaftsskizze in dein Heft und kennzeichne Städte, Inseln und Halbinseln.

3 Lest das Gespräch zwischen Stella und ihrem Großvater mit verteilten Rollen.

4 Fasse mit eigenen Worten zusammen, warum sich die drei griechischen Göttinnen streiten und welchen Ausgang dieser Streit hat.

5 Trage zusammen, was du über das antike Griechenland wisst, und sammelt dieses Vorwissen in einer Mindmap.
▶ *Nimm hierzu die Methode „Eine Mindmap erstellen", S. 82/83 zu Hilfe.*

Die Minoer

Kreta – Europas erste Hochkultur?

1 – Fußbodenmosaik einer römischen Villa. Es zeigt den Mythos um Theseus und Ariadne und stammt aus dem 4. Jh. n. Chr.

*Mythos
Griechischer Begriff für Erzählung oder Sage.

*Minotauros
Zusammengesetzt aus Minos und dem griech. Wort für Stier „tauros“.

Die minoische Kultur

Als die Menschen in Mitteleuropa vor 4000 Jahren noch verstreut in Dörfern lebten, war auf der Insel Kreta im Mittelmeer bereits die Kultur der Minoer entstanden, benannt nach dem sagenumwobenen König Minos.
Begünstigt durch die gute Lage und das Klima der Mittelmeerinsel betrieben die Minoer bereits Seehandel und tauschten Waren in Ägypten, Syrien und auf Zypern. Kreta stieg zu einem bedeutenden Handelsplatz auf.
Der entstehende Reichtum zeigte sich im Bau von Steinhäusern und prächtigen Palästen. Den größten unter ihnen fanden Archäologen vor etwa 100 Jahren in Knossos, der Hauptstadt des Reiches im Norden Kretas, die zu ihrer Blütezeit etwa 50 000 Einwohner gehabt haben soll. Die Ergebnisse der archäologischen Untersuchungen ergaben, dass die Minoer bereits eine funktionierende Verwaltung und eine eigene Religion besaßen. Außerdem beweisen Funde von beschriebenen Tontäfelchen eine eigene minoische Schrift.

Der Faden der Ariadne

Um den sagenhaften König Minos und seinen Palast in Knossos ranken sich verschiedene *Mythen.

M1 Der Mythos um Theseus und Ariadne handelt in der Zeit des sagenhaften Begründers der minoischen Kultur auf Kreta zwischen 3000 und 2000 v. Chr.:
König Minos, hatte einen ungewöhnlichen Stiefsohn, ein Wesen mit menschlichem Körper und dem Kopf eines Stieres, den man deshalb *Minotauros nannte. Um ihn zu verbergen, ließ Minos ein Labyrinth bauen, in dem der Minotauros lebte. Nachdem in der griechischen Stadt Athen ein anderer Sohn von König Minos umkam, und Minos daraufhin die Athener in einem Rachefeldzug besiegt hatte, forderte er von ihnen als Tribut alle neun Jahre sieben Jünglinge und sieben Jungfrauen als Opfergaben für den Minotauros. Theseus, ein Königsohn aus Athen entschloss sich, unter den Jünglingen zu sein, um das Ungeheuer zu töten. Als er am Königshof des Minos ankam, verliebte

2 – **Rekonstruktion des Palastes von Knossos auf der Insel Kreta anhand der archäologischen Ausgrabungen.** Der Palast wurde um 1800 v. Chr. erbaut und 100 Jahre später neu aufgebaut, besaß mehr als tausend Zimmer, ein Abwassersystem, Toilettenanlagen mit Wasserspülung und gepflasterte Straßen. Der Aufbau der Räumlichkeiten und Flure war sehr kompliziert, verschachtelt und wohl vor allem für Fremde kaum zu durchschauen.

sich dessen Tochter Ariadne in ihn. Sie wusste natürlich vom Labyrinth. Deshalb schenkte sie Theseus heimlich ein Wollknäuel, damit dieser den Weg vom Ausgang in das Innere des Labyrinths markieren und so wieder hinausfinden würde.
So begab sich Theseus mit den anderen Athenern ins Gewölbe, tötete den Minotauros und kehrte glücklich zu seiner Ariadne zurück. Bei der Rückkehr nach Athen vergaß Theseus jedoch das mit seinem Vater Ägeus verabredete Erkennungszeichen (ein weißes Segel) zu setzen. So dachte dieser, dass sein Sohn tot sei und stürzte sich vor Kummer ins Meer. Seitdem heißt es das Ägäische Meer oder Ägäis.

Aufgrund einer Vielzahl archäologischer Funde, z. B. Wandmalereien oder Tonkrüge mit Stierköpfen wissen wir, dass die Minoer den Stier als Heiliges Tier verehrten.

Wie *Europa zu seinem Namen kam
Ein Stier spielte auch bei der Namensgebung unseres Kontinents eine große Rolle. So heißt es in einer Sage, dass der griechische Göttervater Zeus sich in die schöne *phönizische Königstochter Europa verliebte. Um sie zu entführen, verwandelte er sich in einen prächtigen Stier. Als Europa auf ihn stieg, lief er mit ihr ins Meer und entführte sie nach Kreta. Aus dieser Verbindung sollen drei Kinder hervorgegangen sein, wovon eines Minos, der spätere König Kretas, war.

Ende des Minoerreichs und Aufstieg der griechischen Stämme
Etwa 1450 v. Chr. wurde Kreta vom griechischen Festland her durch das kriegerische Volk der Achäer (Mykener) erobert. Die mykenische Kultur löste damit die minoische ab. In weiteren Feldzügen eroberten die Achäer große Teile des heutigen Griechenlands.
Einen ihrer Feldzüge überlieferte später der Dichter Homer in seiner Erzählung vom Trojanischen Krieg (siehe S. 101).

1 Gib die Erzählung M1 mit eigenen Worten wieder.
2 „Die Minoer errichteten die erste europäische Hochkultur". Setze dich mithilfe des Textes und der Bilder mit dieser Aussage auseinander.
▶ *Wiederhole hierzu die Merkmale einer Hochkultur, wie sie dir aus dem Ägyptenkapitel bekannt sind. (S. 67)*
3 Beschreibe Bild 1 mithilfe der Sage M1.
4 Vor dem Europaparlament in Straßburg steht eine Skulptur, die eine Frau auf einem Stier zeigt. Erkläre den Bezug zwischen der Skulptur und dem Europaparlament.
5 Legende und Wirklichkeit: In jeder Sage und Legende finden sich wahre Aspekte. Filtere diese am Beispiel M1 heraus.

*Europa
Abgeleitet vom griech. Wort „erobos" (= dunkel). Es steht für das Abendland (Okzident), wo die Sonne untergeht; im Gegensatz zum Morgenland (Orient) wo die Sonne aufgeht.

*Phönizien
Phönizien lag entlang der Ostküste des Mittelmeers auf dem Gebiet der heutigen Länder: Israel, Libanon, Syrien.

Webcode: EV658268-095

Viele Stadtstaaten, doch ein Land?

Wie prägte eine Landschaft die Menschen?

1 – Landschaft in Griechenland heute. Foto, 2008.

*Polis
(griech. = Burg, Stadt, Plural: Poleis) Bezeichnug für den politisch selbstständigen und wirtschaftlich unabhängigen griechischen Stadtstaat. Hiervon abgeleitet bezeichnet der Begriff „Politik", die Angelegenheiten, die alle Bürger angehen. Abgeleitet hiervon ist auch das Wort „Polizei".

Die Anfänge Griechenlands

Im Verlaufe des 2. Jahrtausends v. Chr. drangen von Norden her verschiedene Völker in das heutige Griechenland ein, die Achäer, die Ionier und die Dorer. Die bereits dort ansässigen Menschen wurden unterworfen. Das neu eroberte Land bot wenig Siedlungsraum und das Mittelmeer gliederte das Land in zahllose Inseln und Halbinseln. Hohe Gebirge umschlossen kleine, nur begrenzt fruchtbare Ebenen. Jedes Tal bildete damals eine abgeschlossene Welt für sich. Eine Reise zum nächsten Ort war lang und beschwerlich. Die eingewanderten Stämme zersplitterten in kleine, räumlich voneinander getrennte Gemeinschaften.

Wo es möglich war, wurde auf einer Anhöhe eine Burg errichtet, von der aus die regierenden Könige und Fürsten über die jeweilige Bevölkerung herrschten. Unterhalb der Burgen entstanden Siedlungen, in denen vor allem die Handwerker und Händler lebten.

Die Bauern bewirtschafteten auf dem umliegenden Land meist große Höfe. So entwickelte sich daraus kein einheitliches großes Reich mit einer zentralen Hauptstadt, sondern jede Stadt und ihr Umland bildeten einen eigenen kleinen Staat für sich. Die Griechen nannten einen solchen Stadtstaat *Polis.

Die Polis- Stadt und Staat zugleich

In einer Polis lebten ca. 3000 bis 5000 Bürger. Für diese war jeweils ihre Polis auch ihr eigentliches Heimatland, für dessen Freiheit, Unabhängigkeit, aber auch für dessen Machtzunahme sie oft gegen andere Stadtstaaten kämpften. Die Bewohner empfanden sich noch nicht als Griechen, sondern nannten sich stolz nach ihrer Polis „Athener", „Spartaner" oder „Korinther". Die Begriffe „Griechen" und „Griechenland" werden erst wesentlich später gebraucht. In der Antike bezeichneten sich die Griechen selbst als „Hellenen" und Griechenland als „Hellas".

2 – Heutige Landschaft um die antike griechische Stadt Mykene, die bis ins 12. Jahrhundert hinein, die Vormachtstellung in Griechenland besaß.

*Demokratie
Von griech. demos = Volk und kratein = herrschen.

*Akropolis
Von Griech. „Oberstadt“ ist ein hoch gelegener, geschützter Punkt zahlreicher antiker griechischer Städte, auf dem sich zumeist der Herrschersitz befand.

Polis Athen

Eine der größten, schönsten und wichtigsten Stadtstaaten des Mittelmeerraums war Athen. In seiner Blütezeit im 5. Jahrhundert v. Chr. begann hier die Entwicklung der Volksherrschaft (*Demokratie). Zu dieser Zeit lebten direkt in der Stadt rund 10 000 Menschen auf engstem Raum.

Mehr Menschen wohnten in der fruchtbaren Landschaft Attikas vor den Mauern der Stadt. Die Stadt Athen und das Umland Attika bildeten gemeinsam die Polis Athen.

***Akropolis und Agora**

Die zentralen Orte der Polis Athen waren der befestigte Hügel mit dem Herrschaftssitz, die Akropolis, und der unterhalb der Burg gelegene Marktplatz (Agora).

Auf der Akropolis befanden sich die wichtigsten Heiligtümer – Tempel und Säulenhallen. Die Agora war nicht nur Handelsplatz, sondern gleichzeitig auch Versammlungs- und Gerichtsstätte für die Bürger.

3 – Blick auf das antike Athen. Im Vordergrund die Agora, im Hintergrund die Akropolis. Rekonstruktionszeichnung.

1 Beschreibe anhand der Bilder 1 und 2 sowie des Textes die geografischen Besonderheiten Griechenlands, die zur Gründung einzelner Stadtstaaten führten. Beziehe auch deine Ergebnisse aus Aufgabe 1, S. 93 mit ein.

▶ *In Griechenland gab es keinen großen Staat wie in Ägypten, sondern....*

2 Begründe die Aussage, dass Akropolis und Agora die zentralen Orte der Polis Athen waren.

3 Spiele folgende Situation mit einem Partner oder einer Partnerin: Ein athenischer und ein ägyptischer Kaufmann erklären sich gegenseitig, was für sie Heimatland bedeutet.

Warum verließen viele Griechen ihre Heimat?

1 – Die wichtigsten griechischen Kolonien im Mittelmeerraum mit ihren Mutterstädten, ca. 750–550 v. Chr.

*Orakel
Mithilfe eines Rituals wird durch eine Priesterin eine Weissagung für die Zukunft getätigt.

Die Priesterin Pythia sagt einem König die Zukunft voraus. Vasenmalerei, 5. Jh. v. Chr.
Die Priesterin Pythia -versetzte sich mithilfe berauschender Dämpfe in Trance (eine Art Traumzustand) und prophezeite wichtige politische und private Ereignisse gegen Bezahlung.

In der Heimat wird es zu eng

Bereits im Zusammenhang mit den Frühmenschen und der Entstehung des Jetztmenschen wurde deutlich, dass der Mensch sich immer wieder aus verschiedenen Gründen auf Wanderschaft begeben musste (Migration). Zumeist geschah dies um seine eigenen Lebensbedingungen zu verbessern oder um einer Notsituation zu entfliehen. Auch in der Zeit der griechischen Antike fanden solche Wanderungsbewegungen statt.
Die gebirgige Landschaft Griechenlands mit ihren wenigen und schlechten Ackerböden, erlaubte keine unbegrenzte Bevölkerungszunahme, da nicht genügend Erträge erwirtschaftet werden konnten. Auch klimatische Veränderungen führten zu Ernteausfällen. Hungersnöte waren die Folge. Daher wanderten zahlreiche Griechen zwischen 750 und 550 v. Chr. aus ihren Heimatstädten aus („Große Kolonisation"). Als erfahrene Seefahrer siedelten sie sich rund um das Mittelmeer und das Schwarze Meer an. Diese Siedlungen außerhalb der Heimat heißen Kolonien oder auch Tochterstädte.

Es war aber nicht nur die Not, die die Griechen in die Fremde trieb. Viele Händler ließen sich freiwillig an fernen Orten nieder, weil sie sich hier große Gewinne und Reichtum erhofften, andere wurden von der Abenteuerlust gepackt, da sie durch die Händler von fernen Gebieten erfuhren, die für eine Besiedlung geeignet wären.
Bevor ein Schiff in See stach, um eine passende Stelle für eine Tochterstadt zu suchen, fragten die Griechen das *Orakel von Delphi um Rat.
Die Weissagung spielte eine große Rolle, da die Griechen glaubten, dass die Götter für ihr Glück und Unglück verantwortlich waren. Konnte den oft rätselhaften Weissagungen ein Funke Hoffnung entnommen werden, begann die Unternehmung. Die Auswanderer taten sich in Gruppen zusammen, stachen gemeinsam in See und hielten Ausschau nach einem günstigen Siedlungsplatz, der leicht zu verteidigen war, einen Hafen und fruchtbares Umland besaß. Auf diesem Weg kam es zur Gründung neuer Stadtstaaten. Diese Tochterstädte hielten Kontakt mit ihren

2 – Das Theater von Syrakus, erbaut um 470 v. Chr. Heute Bestandteil eines archäologischen Parks. Foto, 2011.

Silberne Tetradrachme aus Syrakus mit dem Bildnis einer Kore (Jungfrau). Die vier Delfine zeigen den Wert der Drachme an. Um 400 v. Chr.

alten Mutterstädten, waren aber ebenso selbstständig wie jede andere griechische Polis. Viele Kolonien wuchsen schnell heran und übertrafen schon bald nach ihrer Gründung die Mutterstädte in Reichtum und Macht. Das Gefühl der Zusammengehörigkeit mit der Mutterstadt blieb aber bei allen Auswanderern bestehen: Man sprach die gleiche Sprache, verehrte die gleichen Götter und nahm an den Olympischen Spielen und anderen Wettkämpfen in Griechenland teil.

Folgen der Kolonisation

Neben der engen Verbundenheit mit den Mutterstädten, entstand jedoch auch ein kultureller Austausch. Die Kolonisten machten sich viele Einflüsse der Kulturen zu eigen, auf die sie in den neuen Gebieten stießen, z. B. übernahmen sie das Alphabet der Phönizier und passten es an die griechische Sprache an.
Von den Phöniziern schauten sich die Griechen auch den Handel mit Münzgeld als Tauschmittel ab, was den Handel im Mittelmeerraum weiter vereinfachte und vorantrieb.
Aber auch die griechische Kultur hinterließ Spuren in den kolonisierten Gebieten. Die Kolonisten erbauten Häuser und Tempelanlagen im Stile der griechischen Baukunst und auch das neu entstandene griechische Alphabet sowie der griechische Götterglaube fanden bei anderen Völkern der umliegenden Regionen Verbreitung.

1 Nenne mithilfe des Textes Gründe für die Auswanderung der Griechen aus ihrer Heimat.

2 Erkläre, inwiefern das Theater von Syrakus (Bild 2) ein Beleg für die Zeit der „Großen Kolonisation" ist.

3 Beschreibe mithilfe des Textes den Vorgang der Kolonisation.

4 Ermittle anhand der Karte 1 die Mutterstädte und jeweils mindestens zwei zugehörige Tochterstädte. Lege hierzu eine Tabelle an.

Mutterstadt	*Tochterstadt*
Sparta, Korinth, Achaia	*TTaras/Tarent, Kroton, Syrakusai*

5 Erläutere mithilfe des Textes die Bedeutung der Kolonisation für Griechenland und die griechische Kultur.

6 Auch heute verlassen viele Menschen ihre Heimat, um in einem anderen Land neu anzufangen. Tragt zusammen, welche Gründe Menschen wohl heute haben, auszuwandern. Vergleicht diese im Unterrichtsgespräch mit den Gründen für die Migration in der Antike.

Welche Bedeutung hatten die griechischen Götter?

Die Götter der Griechen
Der Sitz der Götter soll das Olymp-Gebirge sein (Karte 1, S. 92.) Alle Griechen stellten sich vor, dass auf dem wolkenverhangenen Gipfel die Götter wohnten. Die folgenden olympischen Götter wurden besonders verehrt.
Zeus, der untreue Göttervater und mächtigste Gott, wird meistens mit Adler, Zepter und einem Bündel von Blitzen dargestellt.
Poseidon, der Gott des Meeres des Erdbebens und der Pferde, Bruder des Zeus, hat immer einen Dreizack dabei, mit dem er das Meer aufwühlen und die Erde erbeben lassen kann.
Hera, Schutzgöttin von Haus und Ehe, Schwester und eifersüchtige Ehefrau des Zeus, trägt eine kleine Krone
Demeter, die Erdgöttin, Fruchtbarkeitsgöttin und Muttergöttin, Schwester und Geliebte des Zeus, trägt einen Korb mit Pfirsichen oder Blumen und einen goldenen Kranz aus Getreideähren.
Apollon ist der Gott der Dichtung und Weissagung, des Lichtes und der Sonne sowie der Pest. Er trägt Pfeil und Bogen und oft die Kithara (ein Saiteninstrument und Vorfahre unserer heutigen Gitarre).
Artemis, die jähzornige Zwillingsschwester des Apollon, Göttin der Jagd, der Jungfräulichkeit und des Mondes, wird von ihrer Hirschkuh begleitet und trägt ebenfalls Pfeile und Bogen.
Athene, ist die weise Schutzgöttin Athens, der Wissenschaft und der Künste, der Kriegskunst (Strategie) und des Friedens. Sie trägt Helm, Speer und Schild, oft auch einen Ölbaum und wird von einer Eule begleitet.
Ares, der brutale und blutrünstige Gott des Krieges und der Schlachten, trägt ebenfalls Helm, Speer und Schild, eine Fackel und wird von Hunden und Geiern begleitet. Menschen wie Götter mögen ihn nur wenig.
Aphrodite, die Göttin der Schönheit und Liebe wird oft dargestellte mit Spiegel und einem magischen Gürtel. Ihr Ehemann **Hephaistos**, trägt meist einen Schmiedehammer und eine Handwerkerkappe. Er schmiedet mit den Zyklopen die Donnerkeile des Zeus.
Hermes, der Götterbote ist außerdem der Schutzgott der Diebe, der Händler und der Reisenden. Er trägt Flügelkappe, Flügelschuhe und den Hermesstab.
Hades, lebt nicht auf dem Olymp. Herrscher der Unterwelt und Bruder des Zeus, hat meistens einen Stab oder Zweizack und ist in Begleitung seines dreiköpfigen Höllenhundes Kerberus.

1 – Götter der griechischen Sage.

Götterglaube der Griechen

Gemeinsam war den Griechen nicht nur die Sprache, sondern auch der Glaube an die gleichen Götter.
Die Griechen stellten sich vor, dass die Götter ewig jung und unsterblich wären und den Menschen nicht nur im Aussehen, sondern auch im Charakter glichen. Götter konnten ihrer Meinung nach wütend, eifersüchtig, verliebt, fröhlich oder traurig sein. Entsprechend dieser Eigenschaften sollen sie auch in den Verlauf des *Trojanischen Krieges eingegriffen haben.

M1 *Homer erzählte in seinen *Epen „Ilias“ und „Odyssee“ vom Trojanischen Krieg. In einer Nacherzählung heißt es:

Der Wettstreit der drei Göttinnen Hera, Athene und Aphrodite um den goldenen Apfel als Preis für die schönste Göttin [siehe S. 93] endete damit, dass die schöne Helena sich in Prinz Paris von Troja verliebte. Da diese aber bereits mit Menelaos, dem König von Sparta verheiratet war, entführte Paris sie nach Troja. Menelaos zog daraufhin mit der Unterstützung seines Bruders Agamemnon von Mykene und der anderen griechischen Fürsten nach Troja und belagerte die Stadt.
Gleichzeitig hatte der Wettstreit der Göttinnen den Olymp in zwei Lager gespalten. Die Anhänger von Hera und Athene unterstützten die Griechen (Achäer) und die der Aphrodite die Trojaner. Zeus, der Göttervater wollte sich zunächst zurückhalten, wurde aber von seiner Frau Hera überzeugt, die Seite der Griechen zu unterstützen, denn als Schutzgöttin der Ehe war sie gegen den Ehebruch und die Entführung der Helena durch den Trojaner Paris. Athene stand ebenfalls auf der Seite der Griechen. Sie half diesen, sich in der Schlacht gegen den brutalen Kriegsgott Ares zu verteidigen und erlaubte ihnen sogar, den Gott zu verletzen.
Ares unterstützte auf Wunsch seiner Geliebten Aphrodite die Trojaner. Aphrodite konnte aber auch auf Apollon zählen. Er war der Schutzgott Trojas, dessen Mauern er errichtet haben soll. So brachte er Verderben über die Griechen und schoss seine Zauberpfeile in ihr Lager, wo sich daraufhin die *Pest ausbreitete. Fast hätten die Griechen deswegen ihre Belagerung abbrechen müssen, denn Apollon stoppte auch den mächtigsten Krieger der Griechen, Achilles. Dieser galt als unbesiegbar und hatte seine Rüstung, sein Schild und seine Waffen vom Götterschmied Hephaistos erhalten.
So gewappnet versuchte er nach vielen siegreichen Kämpfen nun in Troja einzudringen. Dabei traf ihn jedoch ein von Apollon gelenkter Pfeil des Prinzen Paris an seiner einzig verwundbaren Stelle, seiner Ferse – der Achillesferse.
Nach jahrelangen Kämpfen beschlossen die Götter, dass Troja fallen sollte. Odysseus, der König von Ithaka, unterbreitete den Vorschlag, die Trojaner mit einem Holzpferd zu überlisten. Bei der Fertigstellung half Athene. Einige Griechen versteckten sich im Bauch des Pferdes und Menelaos zog zum Schein mit seinen Verbündeten ab. Als die Trojaner das Pferd als Geschenk in die Stadt zogen, kletterten in der Nacht die versteckten Krieger heraus und ließen die zurückgekehrten Griechen in die Stadt.

*Trojanischer Krieg
Der Trojanische Krieg soll etwa zwischen dem 13. und 12. Jahrhundert stattgefunden haben.

*Epos
Erzählung in Versform.

Homer (um 750 v. Chr.) Seine Epen „Ilias“ und „Odyssee“ sind die ersten überlieferten Dichtungen Europas.

*Pest
Hierbei handelt es sich um eine extrem ansteckende Infektionskrankheit, die in der Regel zum Tode führte.

1 Erzähle mit eigenen Worten die Ereignisse um den Trojanischen Krieg nach. Beginne mit dem Streit der drei Göttinnen über den sich Stella und ihr Opa unterhalten (S. 93).
▶ *Als sich Hera, Athene und Aphrodite trafen, ging es um die Frage …*

2 Ordne die Zahlen an den Bildern den passenden Göttern zu. Male die Erkennungszeichen der einzelnen Gottheiten in dein Heft und beschrifte diese. Gestaltet in eurem Klassenraum eine kleine Göttergalerie mit eigenen Zeichnungen.

3 Die griechischen Götter handelten und fühlten ähnlich wie Menschen.“ Überprüfe diese Behauptung mithilfe der Sage (M1).

Methode

Bilder und Symbole untersuchen

Vielleicht warst du schon in einer Kunstausstellung und hast dir verschiedene Gemälde genauer angesehen. Bilder und Wandmalereien, aber auch Abbildungen auf Vasen oder anderen Gegenständen, enthalten oft versteckte Hinweise, die der Künstler eingearbeitet hat, um darzustellen, wie das Leben früher war – was er kritisiert oder Sachen, die er sich erhofft.
Deshalb sind Bilder wichtige Quellen für die Historikerinnen und Historiker.

Häufig greifen Maler auf Symbole zurück. Der Begriff stammt aus der griechischen Sprache und bedeutet Sinnbild. Symbole können Wörter oder Zeichen sein, die nur in einem bestimmten Zusammenhang verstanden werden können. Sie sind wie Stellvertreter einer Sache, die nicht sichtbar sind. Du begegnest Symbolen tagtäglich, zum Beispiel auf dem Handy in Form von Smileys oder auf der Straße als Verkehrszeichen. Es lohnt sich also genauer hinzuschauen, um Bilder zu entschlüsseln.

Folgende Hinweise helfen dir bei der Untersuchung von Bildern:

Schritt 1 **Ersten Eindruck festhalten**	■ Formuliere einen ersten Eindruck: Was ist auf dem Bild zu sehen? ■ Was fällt dir sofort auf? ■ Besitzt das Bild einen Titel?
Schritt 2 **Die Einzelheiten des Bildes beschreiben**	■ Aus welcher Zeit stammt das Bild? (Bildlegende beachten) ■ Beschreibe das Bild möglichst genau. ■ Welche einzelnen Elemente sind auf dem Bild zu sehen, zum Beispiel Personen oder Gebäude, Landschaften oder Symbole? ■ Wie sind die Personen dargestellt (Kleidung/Frisuren/Gesichtsausdruck)? ■ Gibt es Unterschiede bei der Darstellung der verschiedenen Personen (Größe/Hautfarbe/Ausschmückung)? ■ Beschreibe die Situation oder Handlung, die das Bild zeigt. Greife dabei auf anschauliche Adjektive zurück. ■ Gibt es weitere Gegenstände? Welche Funktion haben diese?
Schritt 3 **Zusammenhänge erklären**	■ Wie ist das Verhältnis der Personen untereinander und was tun sie? ■ Gibt es Gegenstände/Symbole, die eine besondere Bedeutung haben könnten? ■ Was verrät das Bild über das Leben der Menschen zur damaligen Zeit (Lebensumstände, Familiensituation, Arbeitsleben usw.)?
Schritt 4 **Zusatzinformationen beschaffen**	■ Wer ist der Künstler? Wann lebte er? Für wen hat er das Bild angefertigt? ■ Was kann ich aus anderen Quellen über das Dargestellte erfahren? ■ Gibt es weitere Bilder zum gleichen Thema? ■ Was ist mir unklar geblieben? Wie kann ich meine Fragen beantworten?

1 Lies die Lösung zu Bild 1 durch und vervollständige die Lücken.
▶ *Die Götterbeschreibungen, S. 100 helfen dir.*

2 Beschreibe und erkläre mithilfe der Schritte Bild 2.

1 – Der Rat der Götter. Ausschnitt aus dem Deckengemälde von Raffael, 1510–1517.

2 – Urteil des Paris. Lithographie einer altgriechischen Vasenmalerei

Lösungsbeispiel zum Bild 1:

Zum 1. Schritt: Das Gemälde zeigt viele Personen, die auf einer Wolke stehen und zu beraten scheinen. Der Titel lautet „Rat der Götter". Die meisten Personen sind nur leicht bekleidet oder nackt.

Zum 2. Schritt: Das Deckengemälde wurde im Zeitraum von 1510–1517 gemalt. Zu sehen sind 15 Personen, ein Engel und vier Tiere. Es handelt sich um eine Versammlung von Göttern. Jeder trägt einen anderen Gegenstand bei sich, z. B. eine Rüstung und einen Speer, einen Dreizack, ...

Zum 3. Schritt: Alle Personen schauen zu einer erhöht sitzenden männlichen Person auf. Er wirkt nachdenklich und zwischen seinen Beinen schaut ein Adler hervor. Es handelt sich dementsprechend um den Göttervater Zeus. ...

Zum Schritt 4: Das Gemälde stammt von Raffael, einem berühmten italienischen Künstler der Epoche der Renaissance. Es wurde 1517 für einen Bankier des Vatikans in dessen Villa Farnesina auf eine Zimmerdecke gemalt.

Die Olympischen Spiele

Olympia – ist dabei sein alles?

1 – Wagenrennen. Die Wagenlenker gehören zu den wenigen Sportlern, die bekleidet sind. Vasenmalerei, 6. Jh. v. Chr

2 – Langstreckenlauf. Vasenmalerei, 5. Jh. v. Chr.

3 – Zwei Ringkämpfer. Vasenmalerei, 367 v. Chr.

*Citius, altius, fortius

1896 hatte der Franzose Pierre de Coubertin eine Idee. Warum nicht den Gedanken der Olympischen Spiele aus dem antiken Griechenland wiederbeleben und junge Menschen zu friedlichen sportlichen Wettkämpfen zusammenbringen?
Im griechischen Olympia fanden bereits 776 v. Chr. die ersten olympischen Spiele statt. Teilnehmen konnten allerdings nur freie Griechen. Frauen und Nichtgriechen waren ausgeschlossen. Während der Spiele durften keine Kriege zwischen den Stadtstaaten geführt werden. Als Sparta im Jahr 419 v. Chr. den Olympischen Frieden einmal durch Aussenden eines Heeres störte, wurde es ausgeschlossen und musste eine hohe Geldsumme für den Schutzgott Zeus opfern. Die Spiele wurden nämlich zu Ehren der Götter veranstaltet und begannen deshalb stets mit einem Gebet und Opfer. Sie dauerten ca. fünf Tage.

* Citius, altius, fortius
Lat. für schneller, höher, stärker, wobei fortius auch als tapferer/mutiger übersetzt werden kann. Es ist das Motto der Olympischen Spiele. Heute ist die Übersetzung schneller, höher, weiter gebräuchlich.

Für die Griechen waren die Olympischen Spiele so wichtig, dass sie ihre Zeit in Olympiaden, dem Abstand von vier Jahren zwischen den Spielen, rechneten.

1. Tag: *Feierliche Eröffnung.* Die Sportler und etwa 40 000 Zuschauer zogen gemeinsam zur Zeusstatue. Dort müssen die Athleten und ihre Trainer schwören, dass sie sich mindestens zehn Monate lang mit einem intensiven Training auf diese Spiele vorbereitet hätten und die Wettkampfregeln streng beachten würden.
2. Tag: Wettstreit der Trompeter vor der Echohalle. Danach: Wagenrennen und Fünfkampf: Diskus, Weitsprung, Speerwurf, Ringen und Stadionlauf (192 m).
3. Tag: Festprozession zum heiligen Bezirk. Am Altar vor dem Zeustempel: Opferung, Gesänge, Flötenspiel, und Gebete. Abends: Opferschmaus.
4. Tag: Schwerathletische Wettkämpfe: Ringen, Faustkampf und Waffenlauf über 400 m.
5. Tag: Siegerehrungen im Tempel mit Dankesopfern zu Ehren des Zeus.

Auszeichnungen und Ehrungen

Die Athleten wollten bei den Wettkämpfen keine Rekorde aufstellen. Sie wollten gewinnen. Zweite und dritte Plätze gab es nicht. Es gab nur einen Sieger und viele Verlierer. Von den Siegern wurden Standbilder angefertigt, die in Olympia aufge-

4 – Zwei Faustkämpfer. Vasenmalerei, 6. Jh. v. Chr.

5 – Diskuswerfer. Vasenmalerei, 4. Jh. v. Chr.

6 – Weitspringer mit Sprunggewichten. Vasenmalerei, 5. Jh. v. Chr.

7 – Waffenlauf. Schale, um 490 v. Chr.

stellt wurden. Auch in ihrer Heimatstadt wurden sie schließlich wie Helden verehrt, erhielten hohe Geldzahlungen und wurden von Steuerzahlungen befreit In Athen z. B. bekamen Olympiasieger 500 Drachmen aus der Stadtkasse. Ein Schaf kostete z. B. 10 Drachmen.

Eigene Spiele für die Frauen

Seit dem 5. Jh. v. Chr. gab es für die Frauen eigene Spiele. Sie fanden alle vier Jahre zu Ehren der Hera statt. Einziger Wettkampf war der 160 m Lauf. Die Siegerinnen erhielten einen Kranz aus Zweigen des Ölbaums.
Seit Beginn des 4. Jh. sind Frauen als Olympiasiegerinnen bekannt, aber nur in der Disziplin der Wagenrennen. Als Sieger galt hier nicht der Wagenlenker, sondern der Rennstallbesitzer. So konnte Kyniska, die Tochter des Spartanerkönigs Archidamos einen Sieg verzeichnen.

Q1 Der griechische Schriftsteller Isokrates (436–338 v. Chr.)
schrieb 380 v. Chr. über die Olympischen Spiele:
... Zu Recht lobt man jene, die die religiösen Versammlungen [und sportlichen Wettkämpfe] eingeführt ... haben. Denn ihnen verdanken wir, dass wir ... einen Waffenstillstand geschlossen und die Feindseligkeiten eingestellt haben. Dann bringen wir den Göttern gemeinsam Opfergaben dar und frischen die Erinnerung an unseren gemeinsamen Ursprung wieder auf. Dadurch verbessert sich für die Zukunft unser gegenseitiges Verständnis ...

Q2 Der griechische Schriftsteller Xenophon (um 430 – nach 355 v. Chr.)
äußerte sich folgendermaßen:
... Nein, es liegt kein Sinn in solchem Brauche: mit Unrecht über der Weisheit Gut stellt man die leibliche Kraft. Denn sei im Volk ein Bürger auch tüchtig im Faustkampf, mag er den Fünfkampf ... oder das Ringen verstehen: Darum [wird doch die Ordnung des Staates nicht besser; und wenig Gewinn erwächst daraus der Gemeinde] ...

Chronik der Olympischen Spiele:

776 v. Chr.: Olympische Spiele
393 n. Chr.: Verbot der Spiele als heidnischer Kult durch christlichen Kaiser Theodosius
1896: Wiederbelebung der Olympischen Spiele in Athen
1924: Einführung der Olympischen Winterspiele
1936: Olympische Spiele in Berlin
1976: erste Paralympics
2020: Olympische Spiele in Tokio

1 Nenne die Disziplinen, die in den Bildern 1–7 zu sehen sind.
2 Erstelle eine Liste: „Olympische Spiele früher und heute“. Arbeite dabei Gemeinsamkeiten und Unterschiede heraus. Berücksichtige z. B. Teilnehmer, Vorbereitungen, Sportarten, Eröffnungsfeier, Siegerehrungen.

Gemeinsamkeiten	*Unterschiede*
Teilnehmer	
Vorbereitungen	
...	

3 Diskutiert im Unterrichtsgespräch Vor- und Nachteile der antiken Olympischen Spiele. Notiert euch hierfür zunächst Argumente mithilfe des Textes, Q1 und Q2.
4 Erarbeite einen Schwur für die nächsten Olympischen Spiele.

Die Anlage von Olympia

Schauplatz Geschichte

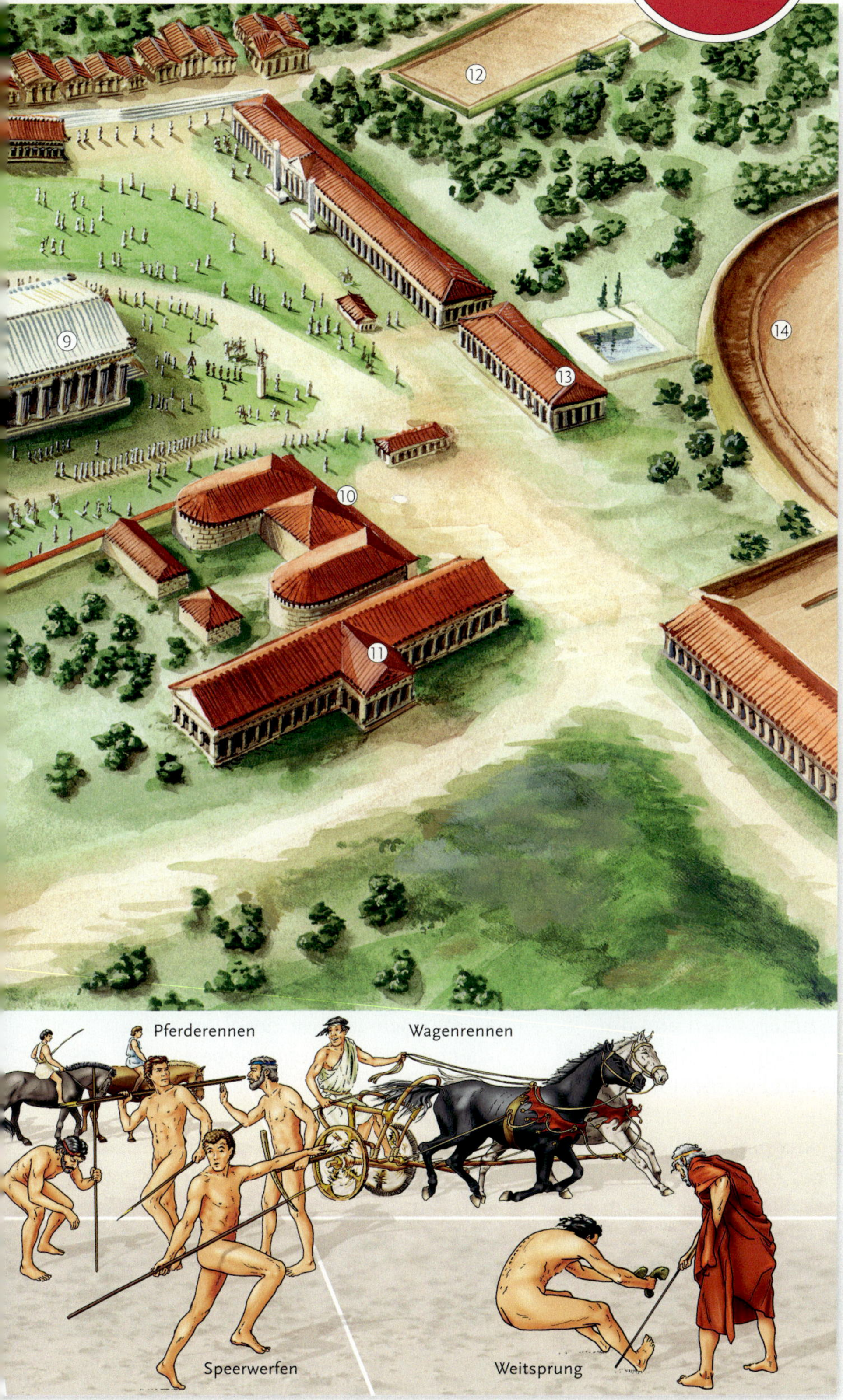

In Olympia trafen sich alle vier Jahre Sportler aus ganz Griechenland. Sie reisten 30 Tage vorher an, um zu trainieren. Bei den sich anschließenden Wettkämpfen achteten Kampfrichter auf die Einhaltung der Regeln. Die meisten Sportarten fanden im Stadion statt.

Bildet Gruppen und bearbeitet die Aufgabe 1 oder 2. Stellt eure Ergebnisse den anderen Gruppen anschließend vor.

1 Macht einen gedanklichen Rundgang durch das Olympia-Gelände und beschreibt die gesamte Anlage.

▶ *„Im Zentrum der Anlage steht ein Tempel. Er ist dem Göttervater Zeus geweiht. Nicht weit entfernt davon sieht man den Tempel der …"*

2 Nur noch wenige Stunden bis zum Beginn der Olympischen Spiele. Beschreibt die Sportarten, die unten genannt sind, und die Orte, an denen sie stattfinden.

1 Gymnasion: Übungsplatz für die Sportler
2 Ringerschule
3 Amtssitz der olympischen Priester
4 Werkstatt des Bildhauers Phidias (um 500–432 v. Chr.), der die 12 m hohe Zeusstatue schuf
5 Gästehaus
6 Amtssitz hoher Verwaltungsbeamter
7 Tempel der Hera (Ehefrau des Göttervaters Zeus)
8 Zeusaltar
9 Zeustempel
10 Buleuterion (hier wurde der olympische Eid abgelegt)
11 Säulengang
12 Stadion
13 Bäder
14 Pferderennbahn

Der Kriegerstaat Sparta

Sparta – ein Staat der Gleichen?

1 – Bevölkerungsgruppen Spartas im 5. Jh. v. Chr.

*Amme
Der Begriff kommt von Griech. „ammen" = „Kind pflegen". Häufig übernahmen die Ammen auch das Stillen der Säuglinge.

*Hopliten
Fußsoldaten, ausgerüstet mit Panzer, Helm, Schild, Schwert und Stoßlanze

Ein Staat der Gleichen?

Sparta war die einzige Polis in Griechenland, die nicht zum Schutz von einer Mauer umgeben war. Ihre Mauer waren ihre bewaffneten Männer – die Spartaner oder auch Spartiaten. Das Leben in der Polis Sparta war auf die Stärkung der militärischen Macht ausgerichtet. Die Wehrfähigkeit stand im Vordergrund und machte Sparta zu einem Kriegerstaat. Um 900 v. Chr. waren die Vorfahren der Spartiaten auf die Halbinsel Peloponnes eingewandert, hatten die dort lebende Bevölkerung unterworfen und um 800 v. Chr. ihren eigenen Stadtstaat gegründet. Das Land wurde durch das Los zu gleichen Teilen an die Spartaner verteilt, sodass jeder gleich viel Besitz hatte, darum nannten sie sich die „Gleichen".

Die spartanische Gesellschaft: Krieger herrschen – Besiegte arbeiten

Kein Spartaner bewirtschaftete sein Land selbst. Dazu wurde die unterworfene Bevölkerung gezwungen. Man nannte sie „Heloten". Sie waren rechtlos und lebten auf dem Land, das sie bewirtschafteten. Einen Teil der Ernte lieferten sie ihren Herren in Sparta ab. Besser gestellt war die Bevölkerung, die in den Randgebieten des Stadtstaates in eigenen Städten wohnte – die „Perioken". Sie konnten ihr Land bestellen, ohne Abgaben zu leisten, waren aber zum Heeresdienst verpflichtet. Außerdem betrieben sie Handel und Handwerk. Dies war den Spartanern verboten. Sie sollten sich ganz und gar dem Kampf und dem Schutz ihres Staates widmen, während ihre Frauen sich um die Verwaltung des Haushaltes und des Landes kümmerten und Sport trieben. Die Erziehung der Kinder wurde staatlichen *Ammen überlassen.

Ein Leben für den Kampf

Hatten die Jungen das siebente Lebensjahr erreicht, übernahm der Staat ihre Erziehung. Bis zu ihrem 20. Lebensjahr wurden sie mit aller Härte zu Kämpfern ausgebildet, die ihren Waffenbrüdern und dem Staat treu ergeben waren. Nach der Ausbildung waren sie nur selten bei ihrer Familie, sondern lebten, bis sie 60 Jahre alt waren, vor allem in der soldatischen Männergemeinschaft mit den anderen Spartanern zusammen. Sie trainierten und kämpften gemeinsam als *Hopliten und gingen gemeinsam zur Jagd. Die Spartaner lebten somit in der ständigen Vorbereitung auf den Krieg. Für sie war es die höchste Ehre, der Vaterstadt zu dienen und für sie zu sterben.

Der Spartanische Staat

Mit 30 Jahren wurde der Spartaner zum Vollbürger und gehörte der Volksversammlung an. Aus den Reihen der etwa 9000 Spartaner wurden der Ältestenrat und die fünf obersten Beamten gewählt. Hier wurden Gesetze beschlossen und über Krieg und Frieden abgestimmt. Kam es zum Krieg, wurde das Heer von zwei Königen angeführt, die aus den angesehensten Familien stammten.

2 – Spartanische Krieger (links) im Kampf. Sie bilden gemeinsam eine *Phalanx, um dem Gegner keine Angriffsmöglichkeiten zu bieten. Rekonstruktionszeichnung.

Q1 Der griechische Schriftsteller Plutarch (46–120 n. Chr.) berichtete:

... Wenn ein Kind geboren wurde, musste es der Vater zu den Ältesten der Gemeinde bringen; diese untersuchten das Kind. Wenn es wohl gebaut und kräftig war, gaben sie dem Vater den Auftrag, das Kind aufzuziehen. War es aber schwächlich und missgestaltet, so ließen sie es zu der so genannten Ablage an einem Felsengrund bringen. Sie meinten, für ein Wesen, das von Anfang an nicht fähig sei, gesund und kräftig heranzuwachsen, sei es besser, nicht zu leben. Die Ammen erzogen die Säuglinge dazu, nicht wählerisch beim Essen zu sein, keine Angst zu haben im Dunkeln und nicht weinerlich zu sein. Sobald die Jungen das siebente Lebensjahr erreicht hatten, mussten sie das Elternhaus verlassen. Jetzt übernahm der Staat die Erziehung. Die Jungen wurden in Horden eingeteilt. Sie erhielten alle die gleiche Erziehung und Nahrung und gewöhnten sich an gemeinsames Spiel und gemeinsames Lernen. ... Lesen und Schreiben lernten sie nur so viel, wie sie brauchten, die ganze übrige Erziehung bestand darin, pünktlich zu gehorchen, Strapazen zu ertragen und im Kampf zu siegen ...

Führungsmacht Sparta

Die Poleis auf dem gesamten Peloponnes (Halbinsel) wurden um 550 v. Chr. von Sparta im sogenannten Peloponnesischen Städtebund angeführt. Diese Rolle verdankte Sparta seinem stabilen Staatsaufbau und vor allem seinem schlagkräftigen Heer. Es wurde damit aber auch zum Gegenspieler der Polis Athen, die auf dem griechischen Festland zu dieser Zeit die Vormachtstellung besaß.

* Phalanx
Der Kern der spartanischen Schlachtordnung war die Phalanx (griech. für Baumstamm oder Walze). Bei dieser Schlachtordnung standen die Hopliten in einer dichtgeschlossenen Linie.

1 Die Spartaner fürchteten einen Aufstand der Heloten. Erkläre mithilfe des Textes und Schema 1, woran dies liegen könnte.

2 Ein junger Spartaner schreibt seinem Freund in Athen einen Brief, in dem er erklärt, warum die Erziehung der Kinder in Sparta vom Staat übernommen wird.

▶ *Der Brief könnte so beginnen: Sei gegrüßt, Amos, du wunderst dich vielleicht, das hier bei uns der Staat die Erziehung der Kinder übernimmt. Dafür gibt es gute Gründe ...*

3 Vergleiche die Erziehung der spartanischen Kinder mit deiner. Auch heute noch spricht man von „spartanischer Erziehung“ oder „spartanischer Lebensweise“. Erkläre, was du darunter verstehst.

Die athenische Demokratie

Wie wurde der Stadtstaat Athen regiert?

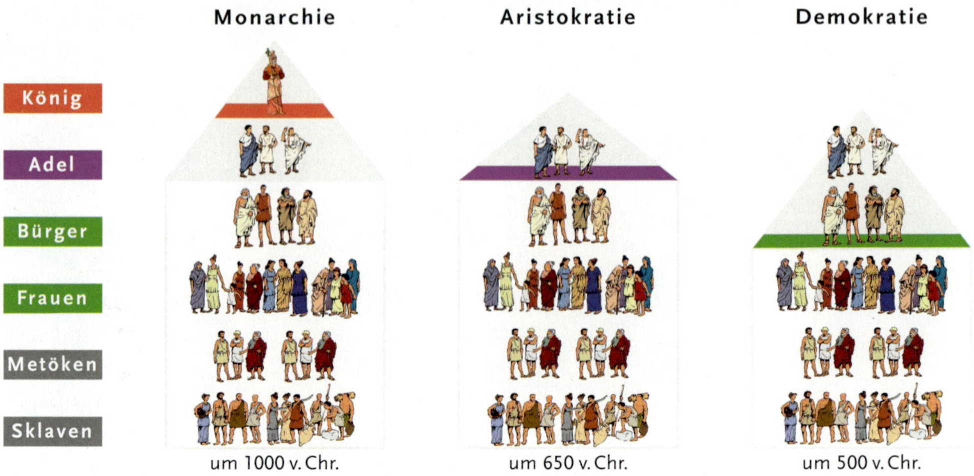

1 – Herrschaft in Athen. Die Herrschaftsverhältnisse Athens veränderten sich im Laufe der Geschichte mehrmals. Die farbig hinterlegten Personengruppen sind jeweils an der Regierung beteiligt

⁂ Metöken
Von griech. „metoikos" = Mitbewohner, Fremder in der Stadt ohne Bürgerrecht.

⁂ Oligarchie
Von „griech.: oligoi = wenige.

⁂ Aristokratie
Von griech.:
aristos = der Beste und
kratein = herrschen.

⁂ Schuldknechtschaft
Auch durch Missernten und Kriege gerieten die Bauern in wirtschaftliche Not und mussten sich von den Adligen Geld leihen. Wenn sie dieses nicht zurückzahlen konnten, verloren sie ihre Äcker und gerieten in Abhängigkeit.

Welche Regierungsform ist am besten geeignet?

Betrachten wir die Länder in der Welt, so finden wir viele Regierungsformen. In Deutschland besteht seit mehr als siebzig Jahren eine Demokratie. Diese Gesellschaftsform gibt es schon seit über 2500 Jahren und ist bei den Griechen entstanden. Aber wie entwickelte sich die Demokratie in der Polis Athen?

Wer regiert die Polis?

Nach der Gründung Athens etwa um 1200 v. Chr. sollen hier zunächst Könige geherrscht haben. Sie waren, ähnlich wie die Pharaonen in Ägypten, Alleinherrscher über die Polis. Es entstand eine Monarchie.

Mit der Zeit wurde die Macht auf mehrere Amtsinhaber verteilt. Solch eine Herrschaft von einigen wenigen nennen wir Oligarchie. In der Oligarchie wurde die Macht meist von den ohnehin schon einflussreichsten Männern mit dem größten Vermögen ausgeübt.

Man würde sie heute die Adligen oder auch Machteliten nennen. Im Athen um 650 v. Chr. nannten sie sich „die Besten" Diese Herrschaftsform von Männern aus adligen Geschlechtern hieß deshalb ⁂Aristokratie. Manchmal gelang es einem einzelnen, die Macht allein an sich zu reißen und eine Gewaltherrschaft zu errichten. Diesen Gewaltherrscher bezeichnete man als Tyrannen, seine Herrschaft war die Tyrannis.

Die Entstehung der Demokratie

Die Kolonisation der Griechen ermöglichte es z. B., Getreide billig am Schwarzen Meer oder auf Sizilien anzubauen und in den Mutterkolonien günstig zu verkaufen. Dadurch verarmten die Bauern in den Mutter-Poleis immer stärker. Sie mussten ihre Landwirtschaft umstellen, etwa auf Wein- und Olivenanbau. Das war teuer. Sie liehen sich das Geld bei den reichen Adligen. Die Bauern verpfändeten ihr Land und gerieten oft in die ⁂Schuldknechtschaft. Freie Bauern gab es immer weniger. Der Adel wurde dagegen immer reicher.

Auch die wohlhabenden Handwerker und Kaufleute hatten keine politische Entscheidungsgewalt und waren deshalb mit der Situation unzufrieden.

2 – Ein Ausschnitt Athens aus der Luft betrachtet. Im oberen Bereich ist die Akropolis mit dem Tempelbezirk zu sehen, in der rechten Ecke der Pnyx – ein Hügel in Athen, auf dem ein Platz für die Durchführung der Volksversammlungen angelegt wurde. Rekonstruktionszeichnung.

Wegen dieser ungleichmäßigen Verteilung des Eigentums und fehlender Mitbestimmungsrechte kam es immer wieder zu heftigem Streit. Der Adlige Solon versuchte 594 v. Chr., diese Krise zu beenden. Zunächst schaffte er die Schuldknechtschaft ab, kaufte die versklavten Bauern frei und gab ihnen ihr Land zurück. Er teilte die Bevölkerung in vier *Einkommensklassen ein. Die ärmeren Bürger konnten zwar kein politisches Amt übernehmen, durften aber mit über Gesetze und Krieg und Frieden entscheiden. Die politische Macht wurde jedoch immer noch von Adligen ausgeübt.

Der Einfluss der Bürger

Die Zugehörigkeit zu einer der vier Einkommensklassen verpflichtete den Bürger auch zur Anschaffung einer speziellen Rüstung für den Kriegsfall. Die Bürger der dritten Klasse kämpften als schwerbewaffnete Hopliten im Heer und stellten dort die zahlenmäßig stärkste Abteilung. Damit waren die Hopliten von größter Bedeutung. Demzufolge wollten sie aber mehr Einfluss in politischen Fragen. So forderten die Bürger dieser dritten Klasse mehr Mitbestimmung in der Polis. Zumal es in Athen immer wieder zu Kämpfen um die Vorherrschaft zwischen den Adelsfamilien kam.

Die Demokratisierung Athens

Erneut veränderte 507/508 v. Chr. ein Adliger die Gesetze und den Aufbau der Polis Athen zugunsten der Bürger. Kleisthenes wollte jeden weiteren Machtmissbrauch verhindern. Er teilte die etwa 40 000 Einwohner Athens in 10 Bezirke (Phylen) ein. Jeder Bezirk entsandte für ein Jahr 50 gewählte Mitglieder in den Rat der 500. Dieser entschied, was in der *Volksversammlung besprochen werden sollte. Die 50 Vertreter einer Phyle hatten für 36 Tage im Jahr die Geschäftsführung des Rates. Der Vorsitzende des Rates wurde jeden Tag neu gewählt.
Die Volksversammlung tagte etwa vierzigmal im Jahr. Abgestimmt wurde mit Handzeichen. Dazu mussten mindestens 6000 Athener anwesend sein. Es wurden Gesetze beschlossen und über Krieg und Frieden entschieden. Jeder Athener Bürger hatte das Recht, Anträge zu stellen. Hier wurden auch die obersten Beamten (Archonten) für ein Jahr gewählt. Sie wurden von der Volksversammlung beaufsichtigt.

Solon (um 640 bis 560 v. Chr.)

Kleisthenes (um 570 bis nach 507 v. Chr.)

* **Volksversammlung**
Versammlung aller freien, erwachsenen, männlichen Athener.

* **Einkommenssteuerklassen**
1. Klasse: Großgrundbesitzer und Kaufleute
→ mehr als 500 Scheffel Getreide
2. Klasse: Bauern und Handwerker
→ 300–500 Scheffel Getreide
3. Klasse: Kleine Gewerbetreibende
→ 200–300 Scheffel Getreide
4. Klasse: Kleinbauern
→ weniger als 200 Scheffel Getreide

1 Beschreibe mithilfe des Schaubildes 1, welche Veränderungen es in den Herrschaftsverhältnissen im antiken Athen gab.
2 Arbeite Ursachen heraus, die zu diesen Veränderungen führten.
3 Zeichne eine Zeitleiste, in der du alle wichtigen Daten zur attischen Demokratie (S. 110–112) einträgst. Präsentiere diese anschließend der Klasse.
▶ *Nutze hierfür die Methodenseite „Eine Zeitleiste erstellen", S. 22.*
4 Erläutert in Partnerarbeit mithilfe des Textes Einrichtungen und Verfahren zum Schutz der Demokratie.

Wie wurde die athenische Demokratie weiterentwickelt?

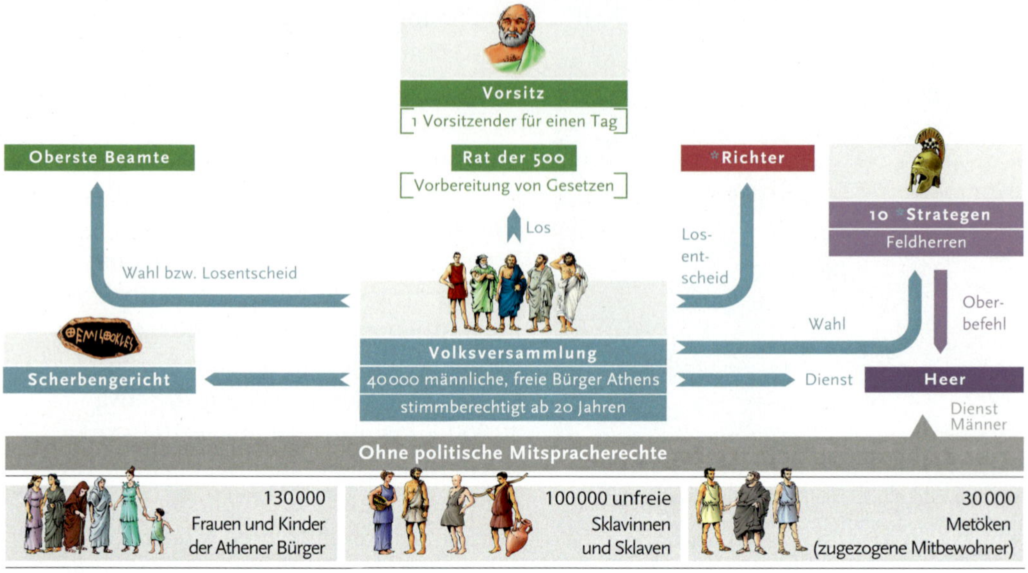

1 – Die politische Ordnung der Polis Athen im 5. Jh. v. Chr. Die Zeiten aller Ämter waren auf ein Jahr beschränkt.

* Ostrakismos
Von griech. „ostrakon" = Scherbe.

Maßnahmen des Perikles

Jede Phyle stellte ebenfalls eine Abteilung von Soldaten, die von einem gewählten Strategen angeführt wurde.
Über dieses Strategenamt erlangte ein Athener namens Perikles großen Einfluss. Er führte Kleisthenes Umbau des Staates gezielt fort. Beamte wurden nun nicht mehr gewählt, sondern durch das Los bestimmt (mit Ausnahme der Strategen). So wurden an jedem Prozesstag auch die Richter aufs Neue ausgelost. Sie wussten nicht, welcher Prozess sie erwartete und konnten somit nicht beeinflusst werden.
Perikles führte ein Tagegeld für die Bürger in den Ämtern ein. Damit erhielten auch Ärmere die Möglichkeit, als Beamte gewählt zu werden. Das war bisher nur gegeben, wenn man reich genug war, um ein Jahr lang sein Amt ohne Bezahlung auszuüben.
Auf der anderen Seite bekamen reiche Bürger besondere Pflichten, z. B. das Ausstatten und Unterhalten von Kriegsschiffen oder die Ausrichtung von Theaterwettbewerben zu bezahlen.

Entscheidung im Losverfahren

Das Scherbengericht oder der *Ostrakismos war bereits durch Kleisthenes eingeführt worden. Es bot neben der alltäglichen Rechtsprechung die Möglichkeit, zu verhindern, dass ein Einzelner zu viel Macht anhäufen konnte und damit die Demokratie gefährdete. Hier wurde bestimmt, wer für die Dauer von 10 Jahren die Polis zu verlassen hatte. Dazu konnte jährlich eine Volksversammlung einberufen werden. Dort wurde per Handzeichen ein Scherbengericht beschlossen. Zwei Monate wurde über die Verbannung abgestimmt.
Wurden mindestens 6000 Scherben gesammelt, auf denen der Name eines Bürgers eingeritzt war, musste dieser innerhalb von 10 Tagen die Stadt verlassen. Der so Verbannte behielt sein Vermögen und sein Bürgerrecht, durfte aber unter Androhung der Todesstrafe die Stadt während der Verbannung weder betreten noch sich in die Politik der Polis einmischen.

VIP

„Wir Athener betrachten Beratungen nicht als Hindernisse auf dem Weg des Handelns, sondern wir halten sie für notwendige Voraussetzungen weisen Handelns."

Name: **Perikles** – Der erste Mann im Staat

Lebensdaten: 490 oder 485 v. Chr. – 429 v. Chr.

Familie: Er stammte aus einer angesehenen Adelsfamilie.

Jugend/Schule/Ausbildung:
- Sein Vater Xanthippos wurde durch das Scherbengericht zur Verbannung aus Athen verurteilt, als Perikles 10 Jahre alt war.
- Er wurde von damals bekannten Lehrern unterrichtet, zum Beispiel von Damon in Musik sowie von Philosophen Anaxagoras und Zenon von Elea.

Werdegang:
- Er widmete sich nach seiner Ausbildung zunächst der Kultur und den Künsten.
- Ab 460 v. Chr. interessierte er sich für das Militär und nahm als Militärbefehlshaber erfolgreich an Schlachten teil.
- Danach drängte es ihn in die Politik, wo er ab 443 v. Chr. 15 Jahre lang ununterbrochen als Stratege erster Mann in Athen war.
- Er bereitete den Krieg gegen Sparta mit vor.
- Er starb an der Pest.

Besonderheiten:
- Er war ein sehr guter Redner und konnte die Athener mit Worten von seinen Vorstellungen überzeugen.
- Perikles setzte sich für die Wiedererrichtung der Bauten auf der Akropolis ein, die auch heute noch das Wahrzeichen von Athen ist. Diese waren während der Perserkriege stark zerstört worden.

Was bleibt:
- Er entwickelte und baute die Athener Demokratie aus. Unter ihm erhielten Amtsträger Geld für ihre politische Tätigkeit, sogenannte Diäten, wie sie auch heutige Berufspolitiker erhalten. Somit konnten auch Menschen aus den ärmeren Schichten politisch aktiv werden.
- Nach ihm wurde eine geschichtliche Epoche, das Perikleische Zeitalter, benannt.

2 – Tonscherben mit dem Namen des Themistokles, der 470 v. Chr. durch das Scherbengericht aus Athen verbannt wurde. Foto, 2009.

1 Nenne die Maßnahmen, die Perikles durchführte, um den Umbau des athenischen Staates weiter fortzuführen.

2 Beschreibe den Ablauf eines Scherbengerichts.

3 Erkläre anhand des Schaubildes 1 die politische Ordnung der Polis Athen im 5. Jahrhundert v. Chr.

▶ *Folgende Fragen helfen dir: Welche Einrichtungen gab es? Wer hatte welche Befugnisse? Wie war die Macht verteilt?*

4 Überlege, wo dir in deinem Alltag Demokratie begegnet. Schlüpfe in die Rolle des Perikles und halte über dich und deine Ideen eine Rede vor der „Volksversammlung". Nutze hierzu auch die VIP-Informationen sowie die Quellen der Methodenseite „Ein eigenes Urteil bilden", S. 115.

▶ *Liebe Mitschülerinnen und Mitschüler, wir leben in einem Staat, der durch folgende Merkmale gekennzeichnet ist …*

Methode

Ein eigenes Urteil bilden

Manchmal beobachten wir Dinge oder erleben Situationen, in denen wir unsicher werden, ob sie gut sind oder nicht. Dann müssen wir uns eine eigene Meinung darüber bilden und diese begründen können. Auch Historikerinnen und Historiker fällen Urteile über geschichtliche Geschehnisse oder Persönlichkeiten. Bevor sie dies allerdings tun, müssen sie sich gründlich informieren, zum Beispiel mithilfe von Bild- und Textquellen. Sie fällen anhand dieser Ergebnisse ein sogenanntes **Sachurteil.** Wenn die Historikerinnen und Historiker dann einen eigenen Standpunkt dazu einnehmen, wird von einem **Werturteil** gesprochen. Die Fakten werden mit eigenen Wertvorstellungen verglichen und abgewogen. Wichtig dabei ist, sein Werturteil zu begründen, damit auch andere dieses verstehen. Jeder Mensch kann unterschiedlich urteilen oder aber abwägen: (einerseits ... – andererseits ...).
Umso bedeutender ist es, die Meinungen anderer zu respektieren.

Folgende Hinweise helfen dir, ein begründetes Urteil zu fällen:

Schritt 1 **Art des Urteils festlegen**	▪ Willst du wissen, was passiert ist und ein Urteil aus der damaligen Sicht fällen, triffst du ein Sachurteil. ▪ Möchtest du etwas aus deiner Sicht bewerten, fällst du ein Werturteil.
Schritt 2 **Informationen sammeln**	▪ Stelle verschiedene Sachtexte, Zeitzeugenberichte oder bildliche Darstellungen zum Thema zusammen und sichte diese.
Schritt 3 **Quellen überprüfen**	▪ In welchem Zusammenhang stehen die gelieferten Informationen zum bereits Bekannten? ▪ Wie glaubwürdig sind die Informationen? Verfolgte der Verfasser ein bestimmtes Ziel oder schrieb er im Auftrag einer anderen Person, die bestimmte Interessen verfolgte (Auftraggeber)? ▪ Wie sehr kann man den überlieferten Texten trauen? Berichtet ein Zeitzeuge anhand eigener Erlebnisse oder anhand von Berichten anderer? Überprüfe, welchen Zweck Texte erfüllen sollten oder welche Absicht Autoren mit ihm verfolgten.
Schritt 4 **Aus heutiger Sicht ein Werturteil bilden**	▪ Vergleiche die damaligen Geschehnisse mit heute. Beurteile die Ereignisse/Situation aus deiner heutigen Sicht. Würdest du zustimmen? Begründe deine Entscheidung. **(Werturteil)**
Schritt 5 **Vergleich von Urteilen**	▪ Höre dir die Urteile anderer an. Welches Urteil überzeugt dich, welches nicht? Dabei ist der gegenseitige Respekt wichtig.

❷ Stelle zu Q1 Fragen, die zu einem Sachurteil führen, und eine Frage, die ein Werturteil zum Ziel hat.

❷ Schreibe mithilfe von Q1 einen kurzen Sachtext – ohne ein Werturteil abzugeben – über die Vorteile der Bürger Athens. Stelle dem die Aussage aus Q2 gegenüber.

❸ Verfasse mithilfe der Schritte 1–5 zur Werturteilsfrage, die du in Aufgabe 1 gefunden hast, ein Werturteil. Lässt sich ein abschließendes Urteil finden, das alle überzeugt? Begründe.

1 – „Das Zeitalter des Perikles". (Versammlung der bedeutendsten Künstler, Dichter und Philosophen der Zeit). Druck, spätere Kolorierung, nach dem Gemälde, 1852 ff., von Philipp von Foltz

Q1 Laut des griechischen Schriftstellers Plutarch (45–125 n. Chr.) soll Perikles 431 v. Chr. folgende Rede gehalten haben:

... Wir leben in einer Staatsform, die die Einrichtung anderer nicht nachahmt; eher sind wir für andere ein Vorbild, als dass wir andere zum Muster nähmen. Mit Namen wird sie, weil wir uns nicht auf eine Minderheit, sondern auf die Mehrheit im Volke stützen, „Volksherrschaft" [= Demokratie] genannt. Und es genießen alle Bürger für ihre Angelegenheiten vor den Gesetzen gleiches Recht. ... Jeder, der etwas für den Staat zu leisten vermag, kann bei uns ein politisches Amt erhalten. Das ganze Volk trifft in der Volksversammlung die Entscheidungen und sucht hier, ein rechtes Urteil über die Dinge zu gewinnen. ... Unsere Stadt ist für jedermann offen. Anweisungen von Fremden gibt es bei uns nicht ... Wir lieben Wissen und Bildung. Reichtum ist bei uns zum Gebrauch in der rechten Weise, aber nicht zum Angeben da. Armut ist keine Schande, aber sich nicht zu bemühen, ihr zu entfliehen, gilt als Schande. ...

Q2 Über die Stellung des Perikles berichtete der griechische Historiker Thukydides (um 460 v. Chr. – um 396 v. Chr.):

... Perikles war mächtig durch sein Ansehen. Er wurde daher nicht durch die Volksversammlung gelenkt, sondern er selbst lenkte sie aufgrund seines Einflusses. So bestand in Athen dem Namen nach eine Demokratie, in Wirklichkeit jedoch die Herrschaft eines ... Mannes ...

Lösungsansätze zu Q1 und Q2:

Zum Schritt 1: Plutarch berichtet von einer Rede, die Perikles gehalten haben soll. Der Politiker spricht in dieser darüber, wie die Bürger Athens an der Politik mitwirken und die Demokratie umgesetzt wird.
Thukydides ist der Meinung, dass die mächtige Stellung des Perikles einer tatsächlichen Demokratie (Volksherrschaft) entgegenstand.

Zum Schritt 3: Plutarch (Q1) lebte erst etwa 500 Jahre nachdem Perikles seine Rede gehalten haben soll. Es fällt daher schwer, zu entscheiden, ob der griechische Politiker tatsächlich diese Worte gewählt hat. Es wäre möglich, dass Perikles als Staatsmann in einem besonders positiven Licht dargestellt werden sollte. Thukydides (Q2) dagegen war ein Zeitgenosse des Perikles und hat dessen Regierungszeit selbst miterlebt. Er war scheinbar ein Gegner des Perikles.

Wie funktionierte das Familienleben in Athen?

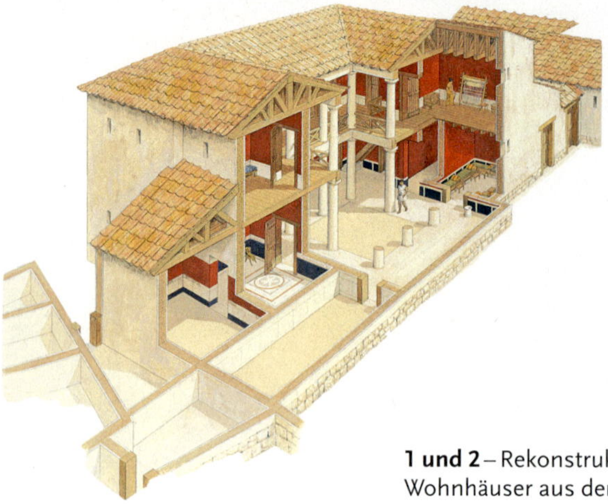

1 und 2 – Rekonstruktionen zweier griechischer Wohnhäuser aus dem 4. und 5. Jh. v. Chr.

* Oikos
Aus dem Begriff Oikos für den Haushalt entwickelte sich die Vorsilbe *öko-* in den Wörtern Ökologie, Ökonomie, Ökosystem. Es meint alle im Haushalt zusammenspielenden Faktoren.

Ehe und Familienleben

Familien mit Mutter, Vater und Kind, wie wir sie heute kennen, kannten die Griechen nicht. Für sie war der „Oikos“, übersetzt das Haus bzw. der Hof, der familiäre Lebensmittelpunkt. Mit dem „Oikos“ waren einerseits alle Menschen gemeint, die zu solch einem Haushalt gehörten (auch Sklaven und Gehilfen), andererseits auch alle bewirtschafteten Gebäude und Ländereien. Der Hausherr hatte hier das Sagen. Geheiratet wurde meist nicht aus Liebe, sondern aus Vernunftgründen. So wurden Mädchen im Alter von 13–16 Jahren oft mit doppelt so alten Männern verheiratet, damit sie diesen besonders viele Kinder gebären konnten.

Zu Gast in einem griechischen Haus

Den Mittelpunkt des Oikos bildete ein großer Wohnraum, in dem sich das Alltagsleben abspielte. Bis ca. 400 v. Chr. lebten die Griechen relativ bescheiden. Häufig wurden die Wohnhäuser mit zwei bis drei Zimmern aus Holz und dünnen Mauern aus Lehm erbaut. Auch der Boden bestand aus festgestampftem Lehm, sodass man auf ihm sitzen konnte. Es gab nur wenige Möbel und auch Bäder und Toiletten kannten die meisten Griechen nicht. Sie nutzten Waschschüsseln und Nachttöpfe. Später konnten sich besonders die reicheren Griechen mehr Luxus leisten und zweigeschossige Häuser bauen, in denen es auch mehr Wohnräume sowie kunstvoll ausgeschmückte Höfe gab. Für Feste und Trinkgelage gab es hier beispielsweise spezielle Männerräume. Die Frauengemächer nannten sich „Gynaikon“ und befanden sich im oberen Stockwerk.

Die Erziehung der Kinder

Mädchen und Jungen wurden gemeinsam bis zum Alter von sieben Jahren im „Gynaikon“ erzogen. Die reichen Frauen hatten bei der Erziehung oft Unterstützung von Ammen. Diese waren einfache Frauen aus dem Volk oder auch Sklavinnen.
Mit sieben Jahren erhielten nur die Jungen Schulunterricht. Wer es sich leisten konnte, schickte seinen Sohn mit einem Paidagogos, einem „Knabenführer“, zu einem Grammatikos, einem „Schreiblehrer“. Besonders beliebt war damals das Auswendiglernen ganzer Epen, die dann einem Publikum vorgetragen wurden.
Ab 14 Jahren wurde der Sportunterricht für die Jungen immer bedeutender. Springen, Laufen, Rennen und Ringen galten als Pflicht und wurden meist nackt

2 – Schulunterricht. Links wird ein Schüler von seinem Lehrer, der ihm gegenübersitzt, im Spiel der Lyra (Seiteninstrument) unterrichtet. Ganz rechts sitzt der Schulleiter, der den Unterricht aufmerksam beobachtet. Links vor ihm steht ein Schüler, der einen Text auswendig aufsagen muss; sein Lehrer überprüft die Richtigkeit mithilfe einer Papyrusrolle. Vasenbild, um 480 v. Chr.

trainiert. Deshalb besuchten die Jungen das „Gymnasion“. So hieß in Athen die Sporthalle. Auch Musik und Rhetorik (Redekunst) waren wichtige Fächer. Mit 18 Jahren galt ein Junge als erwachsen und musste Militärdienst verrichten.
Die Mädchen gingen nicht auf Schulen, sondern blieben in der Obhut ihrer Mütter, die ihnen beibrachten, zu kochen, Flachs zu spinnen oder am Webstuhl zu arbeiten. Nur wenige Mädchen lernten Schreiben, Lesen oder das Spiel auf der Lyra.
Den Griechen war eine gute Erziehung ihrer Kinder sehr wichtig. Man musste zum Beispiel im Alter seine Eltern nicht versorgen, wenn man nachweisen konnte, keine gute Erziehung von ihnen erhalten zu haben.

Kinderspiele
Obwohl besonders die Jungen einen ausgefüllten Tagesplan hatten, blieb noch Zeit zum Spielen. Gern beschäftigten sich die Kinder an der frischen Luft mit Steinchen, Knochen oder Nussschalen, die sie zu Pyramiden auftürmten. Man konnte mit diesen auch Wettkämpfe im genauen Treffen veranstalten, ähnlich wie heute beim Boggia. Mannschaftspiele mit ballähnlichen Gegenständen waren ebenso beliebt. Hierzu füllte man ein Leder- oder Stoffstück einfach mit Pferdehaar. Bekannt waren auch schon Puppen, sogenannte „Nymphen“, aus Holz, Stoff, Ton, Elfenbein oder Marmor.
Größere Kinder verglichen ihre Geschicklichkeit beim Kreiselspiel oder dem sogenannten Reifenschlagen. Dabei wurde ein Reifen aus Holz mit einem Stab angetrieben und durfte nicht umfallen.

Q1 Der athenische Historiker Xenophon (um 426–355 v. Chr.) stellte fest:
... Da beide Arten von Arbeiten nötig sind, die draußen und drinnen, schuf Gott die Natur der Frau für die Arbeiten im Haus, die des Mannes für die Arbeiten außerhalb des Hauses. Denn der Mann ist mehr dazu geschaffen, Kälte und Wärme, Märsche und Feldzüge zu ertragen. Daher trug der Gott ihm die Arbeiten außerhalb des Hauses auf. Der Körper der Frau ist weniger widerstandsfähig, deshalb ist sie besser für die Arbeiten im Haus geeignet. Da sie aber mehr dazu befähigt ist, die kleinen Kinder aufzuziehen, gaben ihr die Götter die größere Liebe. ...
Dass die Natur der Frau furchtsamer ist als die des Mannes, darin sahen die Götter keinen Mangel. Dem Manne aber gaben sie mehr Kühnheit, da es zuweilen nötig sein könnte, sein Hab und Gut gegen zugefügtes Unrecht zu verteidigen. ...

1 Erstelle einen Wochenplan für einen 16-jährigen Jungen.
2 Nenne die Begründungen Xenophons (Q1) für die Aufgabenverteilung zwischen Männern und Frauen.
3 Vergleiche die griechische Erziehung (Texte, Bild 2) mit der heutigen. Erläutere Gemeinsamkeiten und Unterschiede.
4 Versetze dich mithilfe des Textes und Q1 in die Lage eines Atheners oder einer Athenerin. Berichte über deine Aufgaben. Formuliere auch, womit du nicht einverstanden bist:
▶ *Seit einem Jahr bin ich nun verheiratet, meinen Mann/meine Frau ...*
5 Einige griechische Wörter kommen dir vielleicht bekannt vor. Lege eine Tabelle an und finde die deutsche Erklärung heraus.

griechischer Begriff	*deutsche Erklärung*
Paidagogos	*ein Erzieher oder Lehrer*

Wie lebten Fremde und Sklaven in Athen?

1 – Die Bevölkerung Athens zur Zeit des Perikles.

*Laurion
Laurion bezeichnet das gesamte Gebirgsland im südöstlichen Attika.

Zusammensetzung der Gesellschaft Athens

Die Bevölkerung der griechischen Stadtstaaten können in drei Klassen untergliedert werden: Bürger, Metöken und Sklaven. An der Spitze standen die Bürger. Zu diesen gehörten alle Männer ab einem Alter von 20 Jahren. Für die Polis Athen galt, dass sie aus Athen stammten und das Attische Bürgerrecht besaßen. Das bedeutete: Sie mussten Steuern zahlen und Militärdienst leisten. Dafür durften sie Politik ausüben und hatten ein Recht auf Grundbesitz. Unter den Bürgern gab es große Unterschiede hinsichtlich ihres Besitzes. Adlige Großgrundbesitzer zählten genauso zum Bürgertum wie Handwerker und Händler oder Kleinbauern, die kaum ihre Familien ernähren konnten. Frauen und Kinder besaßen kein Bürgerrecht. Zur Zeit des Perikles lebten im Stadtstaat Athen etwa 300 000 Menschen. Darunter befanden sich etwa 30 000 zugezogene Griechen, von den Athenern Metöken (d. h. Mitbewohner) genannt. Auch sie mussten Steuern zahlen und Militärdienst leisten, blieben aber von den Volksversammlungen und allen politischen Ämtern ausgeschlossen. Sie betrieben häufig Handel oder ein Handwerk, manchmal arbeiteten sie auch als Architekten oder Ärzte. Einige waren sehr angesehen und wurden reich. Trotzdem mussten sie sich vor Gericht von einem Bürger vertreten lassen.
Die unterste Klasse bildeten die Sklaven. Oft kamen sie aus anderen Ländern und Völkern als Kriegsgefangene nach Griechenland. Man konnte sie wie Ware oder Vieh auf den monatlichen Sklavenmärkten kaufen. Entsprechend hatten sie keinerlei Rechte. Zur Zeit des Perikles lebten ca. 100 000 Sklavinnen und Sklaven allein in Athen. Sklaven sollten zwar nicht misshandelt oder gar getötet werden, trotzdem war es den Besitzern überlassen, wie sie mit ihnen umgingen. Manchen Sklaven erging es recht gut als Lehrer, Diener oder Koch. Manche arbeiteten auch als Handwerker bei Metöken.
Bis zu 30 000 Sklaven arbeiteten in den Silberbergwerken von *Laurion (siehe Karte, S. 92). Die Arbeit in den Stollen, die oft nur 90 cm hoch waren, dauerte von Sonnenauf- bis Sonnenuntergang. Ruhe- oder Feiertage gab es nicht.

2 – **Schuhmacherwerkstatt.** Vasenmalerei, um 5. Jh. v. Chr.

3 – **Ein Schmied bei der Arbeit.** Vasenmalerei, um 5. Jh. v. Chr.

Q1 Über das Ansehen der Handwerker in Athen schrieb der athenische Bürger Xenophon (um 426–355 v. Chr.):

... Denn die sogenannten handwerklichen Beschäftigungen sind verschrien und werden mit Recht verachtet. Sie schwächen nämlich den Körper. ... Wenn aber der Körper verweichlicht wird, leidet auch die Seele. Auch halten diese sogenannten handwerklichen Beschäftigungen am meisten davon ab, sich um die Freunde und den Staat zu kümmern. Daher sind solche Leute ungeeignet für ... die Verteidigung des Vaterlandes. Deshalb ist es in einigen Städten, am meisten aber in denen, die den Krieg lieben, keinem Bürger erlaubt, sich einer handwerklichen Beschäftigung zu widmen. ...

Q2 Agatharchides, ein Grieche aus Kleinasien, schrieb um 120 v. Chr. über das Leben von Sklaven im Bergbau:

... Die jüngeren Männer arbeiten sich kriechend und mit einer Lampe an der Stirn vor, indem sie den Metalladern folgen. Das geschlagene Gestein wird von Kindern herausgeschleppt, und ältere Männer zertrümmern es mit dem Hammer. Das Kleingeschlagene wird dann zu Staub gemahlen mit Steinmühlen, die nicht von Ochsen, sondern von Frauen gedreht werden. Die Sklaven werden von bewaffneten Aufsehern bewacht und häufig geschlagen. Ohne Pause und ohne Rücksicht auf ihren körperlichen Zustand müssen sie arbeiten. Alle begrüßen den Tod, wenn er naht. ...

1 Benenne und beschreibe die in den Bildern 2 und 3 dargestellten Handwerke.

► *Nutze hierzu die Methode „Bilder und Symbole untersuchen", S. 102.*

2 Das Schicksal eines Sklaven hing stark von seiner Tätigkeit ab. Beschreibe mithilfe des Textes und Q2 die unterschiedlichen Lebensschicksale der Sklaven.

3 Obwohl die Handwerker für das Alltagsleben in Athen sehr wichtig waren, genossen sie kein großes Ansehen. Wie begründet dies der Athener Xenophon (Q1)?

6 Erarbeite mit deiner Banknachbarin / deinem Banknachbarn Unterschiede zwischen Metöken und Sklaven. Schreibt euch gegenseitig einen Brief, in dem ihr euer Leben beschreibt.

Wie kam es zu den Perserkriegen?

1 – Das Perserreich und die Perserkriege.

✲ Statthalter
Ein Statthalter ist ein Stellvertreter des Großkönigs in einer Provinz, die er für diesen regierte und verwaltete.

✲ Provinz
So wird ein Verwaltungsbereich bezeichnet.

Die Perserkriege

Während sich in den griechischen Poleis die Demokratie entwickelte, Handel und Gewerbe aufblühten und Athen zur Wirtschaftsmacht und Sparta zur Militärmacht unter den griechischen Stadtstaaten aufstiegen, wuchs im Osten das Reich der Perser bis an die Grenzen der griechischen Kolonien heran. Um das Jahr 500 v. Chr. erreichte das Persische Reich den Höhepunkt seiner Macht. Die Großkönige Kyros, Kambyses und Dareios I. (521–485 v. Chr.) hatten nacheinander große Gebiete erobert. Diese bildeten zur Zeit der Herrschaft Dareios' ein Reich, das sich von Indien bis zum Mittelmeer erstreckte (Karte 1). An der Spitze stand der Großkönig als Alleinherrscher, der von seinen Palästen in Susa und Babylon aus regierte. Er sah sich als „König der Könige" und dazu berufen, alle Länder und Völker der Erde unter seiner Herrschaft zu vereinen. Um seine große Machtfülle zu schützen, schickte der Großkönig Gesandte als eine Art Geheimpolizei durch sein Land, die als „Augen und Ohren des Königs" die Beamten kontrollierten. Unterstützt wurde er in der Verwaltung seines riesigen Reiches er von ✲Statthaltern, welche jeweils ihre eigene Streitmacht befehligten. Zusammen mit dem Heer des Königs konnte so jeder Aufstand niedergeschlagen werden. Damit der König aus den entfernten ✲Provinzen wichtige Nachrichten möglichst schnell erhalten konnte, ließ er ein dichtes Straßennetz anlegen. Einheitliches Geld und innerer Friede ermöglichten regen Handel und Reichtum.

Der Ionische Aufstand

Seit 543 v. Chr. standen die griechischen Kolonien in Ionien (Kleinasien) unter persischer Herrschaft. Von Milet ausgehend kam es 499 v. Chr. zu einem Aufstand dieser griechischen Städte. Nur Athen und Eretria (Karte 1) waren bereit, die aufständischen Landsleute zu unterstützen. So gelang es Dareios, nach fünfjährigen wechselvollen Kämpfen, den Aufstand niederzuwerfen. Milet wurde erobert und zerstört, seine Bewohner verschleppt. Da die Athener die Aufständischen mit Schiffen unterstützt hatten, beschloss Dareios, ganz Griechenland anzugreifen. Er hoffte, auf wenig Widerstand, da das Land in viele Stadtstaaten zersplittert war und zerstritten schien.

2 – Spartanische Krieger im Kampf gegen persische Bogenschützen. Rekonstruktionszeichnung.

3 – Der Siegesbote von Marathon", 1884

Der Sieg von Marathon

491 v. Chr. erschienen Gesandte des Dareios und forderten von den Athenern und Spartanern Erde und Wasser als Zeichen der Unterwerfung. Berichten zufolge sollen die Bürger der beiden Poleis die Gesandten von einem Felsen gestürzt oder sie in einen Brunnen geworfen haben, mit der Bemerkung, dort könnten sie Erde und Wasser finden. Ein Jahr später landete ein gut ausgerüstetes persisches Heer mit 20 000 Kriegern bei Marathon. 10 000 athenische Hopliten zogen ihnen entgegen. Ihre Stärke war der Nahkampf, für den sie mit Helm und Brustpanzer besser gerüstet waren. Die Perser dagegen verfügten über glänzende Bogenschützen. Um ihren Pfeilhagel zu unterlaufen, griffen die Athener als Phalanx im Laufschritt an. Mit geringen Verlusten gelang es ihnen, im Nahkampf die Perser zu besiegen. Zehn Jahre später plante Großkönig Xerxes I. – Nachfolger des verstorbenen Dareios – einen neuen Feldzug gegen Griechenland. Mit einem Heer von mehr als 50 000 Soldaten und 1000 Schiffen brach er auf. Um den Angriff abzuwehren, schlossen Athen und Sparta ein Bündnis.

Q1 Die von den Persern unterworfenen Griechen Kleinasiens rufen um Hilfe:

... Unsere Lage ist furchtbar. Dass die Söhne Ioniens Sklaven, nicht freie Männer sind, ist für uns die tiefste Schmach und der grimmigste Schmerz. ... Darum beschwören wir euch bei den Göttern der Hellenen: Errettet die blutsverwandten Ionier aus der Knechtschaft! ...

Q2 Der persische Großkönig Xerxes erläutert seine Pläne vor dem Kriegsrat:

... Als ich nun den Thron bestiegen hatte, sann ich nach, ... wie wir Ruhm und ein großes Land gewinnen können, ... und wie wir damit zugleich Rache für eine Beschimpfung nehmen können. Ich will... die Athener ... bestrafen für alles, was sie den Persern und meinem Vater angetan haben. Darum will ich nicht ruhen,bis ich für ihn und ganz Persien Rache geübt und Athen erobert und niedergebrannt habe, das den Streit mit mir und meinem Vater angefangen hat. ...

1. Suche auf der Karte 1 nach den in den Texten erwähnten Orten und Schlachten zwischen Persern und Griechen.
2. Nenne den Grund, weshalb die Griechen in Q1 klagen. Aufgrund welcher Gemeinsamkeiten erhoffen sie sich Hilfe?
3. Werte Q2 aus. Welche Motive werden von Xerxes für den erneuten Kriegszug angeführt?
4. Vergleiche die Ausrüstung der persischen und griechischen Krieger in Bild 2. Erkläre Vor- und Nachteile. Nimm auch den Text zu Hilfe.
5. Recherchiere in Sachbüchern oder im Internet, was der Sieg von Marathon mit dem Marathonlauf zu tun hat. Stelle deine Ergebnisse vor und beziehe dabei Bild 3 mit ein.

Erfolg gegen die Perser – Sieg der Demokratie?

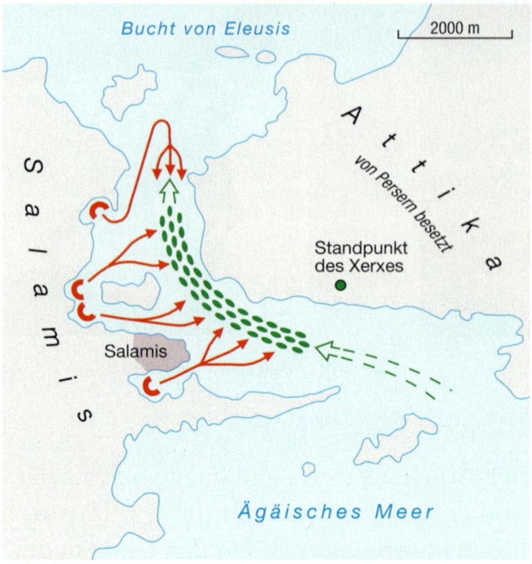

1 – Die Meerenge von Salamis mit der Schlachtordnung der griechischen und persischen Flotte.

2 – Ruderer (*Theten) an Bord ihrer *Triere während der Seeschlacht von Salamis 480 v. Chr. Rekonstruktionszeichnung.

*Theten
So nennt man Tagelöhner, die kein festes Arbeitsverhältnis hatten, sondern immer nur tageweise beschäftigt wurden.

*Triere
Eine Triere ist ein griechisches Kriegsschiff mit drei Ruderbänken übereinander und einem Rammsporn, um die feindlichen Schiffe zu versenken.
Besatzung: 170 Ruderer, 20–50 Fußkämpfer.
Die Triere wird auch Dreiruderer genannt.

Die Niederlage bei den Thermophylen
Am Übergang der Thermophylen, einer Gebirgskette in Mittelgriechenland, stellte sich der spartanische König Leonidas im Jahr 480 v. Chr. mit über 7000 Kriegern den Persern entgegen, um deren Vormarsch aufzuhalten und sie zurückzuschlagen. Doch ein Grieche verriet dem persischen Großkönig Xerxes einen geheimen Gebirgspfad, auf dem er den Engpass umgehen konnte. Als nun die Perser in seinem Rücken auftauchten, gab Leonidas dem Hauptheer den Befehl, sich nach Süden abzusetzen, um dort eine neue Verteidigung aufzubauen. Er selbst hielt mit einer Gruppe Soldaten dem Gegner lange Zeit stand, wurde aber doch umzingelt und schließlich im Kampf getötet.

Der Sieg von Salamis 480 v. Chr.
Nach dieser Niederlage der Spartaner war für das persische Heer der Weg nach Athen frei. Der athenische Stratege Themistokles gab deshalb den Befehl, die Stadt zu räumen und Frauen und Kinder auf der Insel Salamis in Sicherheit zu bringen. Kampflos zogen die Perser in die Stadt ein und plünderten sie. In der Meerenge von Salamis hatte Themistokles seine Flotte zusammengezogen und erwartete den persischen Angriff. Nur in der schmalen Durchfahrt zwischen der Insel und dem Festland waren die kleinen, aber schnellen und wendigen *Trieren der Athener den großen, schwerfälligen Schiffen der Perser überlegen.
In einem günstigen Augenblick griffen die athenischen Dreiruderer an, die den genauen Küstenverlauf, die Untiefen und die Windverhältnisse bestens kannten, brachen die Ruder der persischen Schiffe und versenkten sie. Nach einer zwölfstündigen Schlacht war der Sieg errungen. Xerxes floh nach Persien, ließ sein Landheer in Griechenland im Stich, das ein Jahr später von den vereinigten Griechen geschlagen werden konnte. Damit war die Gefahr, unter persische Herrschaft zu geraten, für Griechenland endgültig vorüber.

3 – Trieren im Seegefecht. Rekonstruktionszeichnung.

Der Attische Seebund

477 v. Chr. schlossen sich viele griechische Städte und Inseln unter Führung Athens zum Attischen Seebund zusammen, um die Perser von weiteren Angriffen abzuhalten. Athen vergrößerte dadurch seine Kriegsflotte und wurde zur führenden Handels- und Seemacht sowie zum bedeutendsten Stadtstaat in Griechenland.

Weiterentwicklung der Demokratie

Ohne den Sieg über die Perser wäre die Blütezeit Athens unter Perikles so nicht möglich gewesen. Die Menschen erkannten die nun überragende Bedeutung der Flotte für Athen. Die Theten, die sich keine Rüstung leisten konnten und im Hoplitenheer keine Rolle gespielt hatten, fanden als Ruderer eine kriegswichtige Funktion. Sie waren sich ihrer neuen Rolle bewusst und forderten politische Gleichberechtigung. Diese Erfahrung war wichtig für die Weiterentwicklung der athenischen Demokratie: Fortan sollten alle athenischen *Vollbürger ohne Unterschied die gleichen politischen Rechte besitzen. Es hatte sich gezeigt, dass ein demokratisch geführter Staat auch militärisch bestehen konnte. Die persische Vorstellung von Herrschaft wurde zurückgewiesen: Allmacht des Herrschers, zentrale Regierungsgewalt, Rechtlosigkeit der Untertanen. Stattdessen hatte sich das griechische Modell bewährt: Einschränkung und Kontrolle von Macht und Herrschaft, Beteiligung der Bürger an den Entscheidungen für das öffentliche Leben, Selbstbestimmung der mündigen Menschen über ihre Angelegenheiten. Für diese Lebensauffassung und für diese Freiheiten waren die Griechen bereit zu kämpfen; ihr Mut und ihre Entschlossenheit führten zum Sieg.

*Vollbürger
Um Vollbürger zu werden, mussten beide Eltern Athener sein

1 Beschreibe mit der Karte den Ablauf der Schlacht von Salamis.

2 Nenne mithilfe von Bild 3 und des Textes Gründe für den Sieg der Athener gegen die sich in der Überzahl befindlichen Perser in der Schlacht von Salamis.

3 Versetze dich in die Lage des Ruderers auf Bild 2 und beschreibe deine Gedanken und Gefühle kurz vor dem Beginn der Seeschlacht.

4 Der griechische Historiker Herodot war der Meinung, dass die Athener die Retter von Hellas sind, da sie entschieden, die hellenische Freiheit zu verteidigen. Erläutere mithilfe deines Wissens der S. 110–113, was Herodot mit „hellenischer Freiheit“ meint.

Zeitalter des Hellenismus

Alexander der Große – ist der Name gerechtfertigt?

Reich Alexanders des Großen:
- Makedonien und Thrakien 336 v. Chr.
- Eroberungen Alexanders 336–324 v. Chr.
- griechische Staaten (von Alexander abhängig)

- Feldzug Alexanders 334–323 v. Chr.
- wichtige Schlacht
- Stadtgründung durch Alexander

1 – Die Feldzüge Alexanders des Großen.

Münze mit dem Bildnis von Alexander dem Großen (um 356 –323 v. Chr.) mit Widderhörnern. Sie sind Zeichen des Gottes Ammon.

Der Aufstieg Makedoniens

Um die Vorherrschaft in Griechenland wurde immer wieder gekämpft. Der bedeutendste Krieg fand zwischen der Wirtschaftspolis Athen und der Militärpolis Sparta statt. Dieser sogenannte Peloponnesische Krieg (431–404 v. Chr.) wurde zwar von Sparta gewonnen. Dennoch hatte der lange Konflikt alle beteiligten Kriegsgegner geschwächt.
Diese Situation nutze der makedonische König Philipp II. aus, um seinem Land die führende Stellung in Griechenland zu verschaffen. Es gelang ihm, alle Poleis Griechenlands (außer Sparta) unter seiner Führung zu vereinen. Mit dieser militärischen Macht konnte er es mit dem Erzfeind Persien aufnehmen und sich damit für die Überfälle der Perser in der Vergangenheit rächen. Zu diesem Zweck baute er das modernste und schlagkräftigste Heer der damaligen Zeit auf. Bevor er aber seine Ziele umsetzten konnte, wurde er 336 v. Chr. ermordet. Daraufhin wurde sein 20-jähriger Sohn Alexander König von Makedonien.

Die Alexanderfeldzüge

Von seiner Mutter Olympias im Glauben erzogen, ein Nachkomme des Herakles zu sein und damit vom Göttervater Zeus selbst abzustammen, sah sich Alexander zu Besonderem berufen. Wie die Helden aus Homers Epen wollte auch er in die Geschichte eingehen. Alexander begann bereits kurz nach seiner Thronbesteigung 336 v. Chr. mit der Umsetzung seiner Ziele: Eroberung des persischen Großreiches, Ausweitung des griechischen Einflusses bis ans „Ende der Welt“ und langfristig die Verschmelzung der griechischen Lebensweise mit anderen Kulturen. In den beiden großen Schlachten von Issos 333 v. Chr. und Gaugamela 331 v. Chr. besiegte er den persischen Großkönig Dareios III. durch kluge Kriegsführung, obwohl Alexanders Heer den Persern zahlenmäßig weit unterlegen war.

Alleinherrscher Alexander

Alexander selbst übernahm nach Dareios’ Tod die Nachfolge des Perserkönigs. Er erkannte die Notwendigkeit, Makedonien und Persien auszusöhnen und ließ zu diesem Zweck erstmalig Massenhochzeiten durchführen. Die bekannteste war die von Susa. Hier heirateten 10 000 seiner Soldaten Perserinnen. Nach der Eroberung Persiens strebte Alexander danach, seine Herrschaft weiter auszudehnen. Deshalb führte er seine Truppen schließlich bis zum Indus. Jedoch kam es hier zur Meuterei seiner Soldaten, die nach 10 Kriegsjahren und ca. 18 000 zurückgelegten Kilometern zurück wollten. Auf dem Rückweg verstarb Alexander.

Alexanders Erben

Alexander hatte keine eigenen Nachkommen, sodass sich seine Generäle um die Nachfolge stritten. Fast 50 Jahre lang kämpften sie um die Vorherrschaft (*Diadochenkrieg). Schließlich entstanden drei größere Nachfolgerreiche: das Reich der Antigoniden, das Reich der Seleukiden und das Reich der Ptolemäer. Wie Alexander waren die neuen Könige Alleinherrscher und ließen sich wie Götter verehren. In den Nachfolgerreichen wurden auch weiterhin neue Städte gegründet. Griechen und Griechisch sprechende Einheimische übernahmen die wichtigsten Ämter. Tempel, Theater, Sportanlagen und Wohnviertel wurden nach griechischem Vorbild gebaut. Die neue Weltkultur, die damals entstand, wird als Hellenismus bezeichnet.

Alexandria – Zentrum für Kultur und Wissenschaft am Nil

Alexander gründete auf seinen Feldzügen ca. 70 Städte, die nicht nur Militärstützpunkte darstellten, sondern sich auch zu kulturellen Zentren entwickelten. Die bekannteste dieser neugegründeten Städte wurde Alexandria am Nil (331 v. Chr.).
In Alexandria lebten viele verschiedene Kulturen zusammen: Makedonen, Griechen, Syrer, Perser und Ägypter. Das Miteinander war geprägt durch Toleranz und Anerkennung.
Hier entstand mit dem Museion auch das für seine Zeit modernste Forschungszentrum der damaligen Zeit, in dem mathematische, astronomische, medizinische, zoologische und botanische Studien betrieben wurden. Dort fand man z. B. heraus, dass die Erde eine Kugel ist und sich um sich selbst dreht. Auch der Erdumfang wurde mit erstaunlicher Genauigkeit berechnet. Angegliedert an das Museion war eine Sammlung mit über 700 000 Buchrollen. Sie war die damals größte Bibliothek der Welt.
Berühmt wurde Alexandria aber vor allem wegen des beeindruckenden Leuchtturmes, der mit ca. 160 m bis ins 20. Jahrhundert der höchste Leuchtturm war, der je gebaut wurde. Leider wurde das jüngste der Sieben Weltwunder der Antike durch ein Seebeben im 4. Jahrhundert und schließlich ein Erdbeben im 8. Jahrhundert zerstört.
Heute ist Alexandria nach Kairo die zweitgrößte Stadt Ägyptens.

2 – Sicht auf das antike Alexandria mit dem Leuchtturm von Pharos. Rekonstruktionszeichnung.

* Diadoche
Nachfolger

1 Nenne Gründe für die Kämpfe zwischen den Stadtstaaten.
2 Beschreibe mithilfe der Karte und des Textes die Feldzüge Alexanders.
▶ *Alexander verfolgte mit seinen Feldzügen das Ziel ...*
3 Das antike Alexandria wird als Zentrum von Kultur und Wissenschaft am Nil bezeichnet. Begründe.
4 Setze dich mit der Ausgangsfrage dieser Seite auseinander. Ist die Bezeichnung „der Große“ für Alexander gerechtfertigt?

Kunst und Kultur der Griechen

Athen – Wiege der Kultur und Wissenschaft?

1 – Rekonstruktion der Athena Parthenos des Phidias, 447 aufgestellt im Innern des Parthenon auf der Akropolis von Athen.

2 – Das Theater von Athen. Rekonstruktionszeichnung.

a) Dorischer Stil, vor allem in Süditalien und am griechischen Festland vorkommend

b) Ionischer Stil, vor allem im östlichen Griechenland und auf den Inseln vorkommend

c) Korinthischer Stil, vor allem an römischen Tempeln und in Kleinasien vorkommend

Die Baukunst

Athen war nicht nur zum politischen und wirtschaftlichen Mittelpunkt Griechenlands geworden, sondern auch zum Vorbild auf allen Gebieten der Kunst. Unter Perikles wurden riesige Geldsummen ausgegeben, um die Akropolis, die 480 v. Chr. von den Persern vollkommen zerstört worden war, in einen der schönsten Tempelbezirke zu verwandeln. Sie sollte zu einer der prunkvollsten Stätten der Göttin Athene werden, um die Macht und den Glanz Athens allen zu zeigen. Die verschiedenen Richtungen (Stile) der griechischen Baukunst können wir an den Formen der Säulen, vor allem am Säulenoberteil, dem Kapitell, unterscheiden (siehe Rand). Der Aufbau der Tempel gliederte sich immer in drei Zonen: den meist dreigliedrigen Stufenbau, die Säulen und das Gebälk, das im Giebeldreieck oftmals viele figürliche Darstellungen enthielt.

Das Theater

Neben den Tempeln zählten die Theater zu den bedeutendsten Bauten der Athener. Das älteste Theater Athens war das Dionysos-Theater, das etwa 15 000 Zuschauern Platz bot. Die griechischen Theater bestanden aus drei Teilen: Die Orchestra war der kreisrunde Tanzplatz, auf dem auch die Musiker und Sänger des Chores saßen. Das Theatron war der bogenförmige und ansteigende Zuschauerraum und die Skene stellte die Bühnenbauten dar. Beispielhaft war auch die *Akustik, denn die Schauspieler waren ohne Mikrophone bis in die letzten Reihen noch gut zu hören. In den Theatern der ganzen Welt werden heute noch die griechischen Schauspiele aufgeführt: Die Stücke mit ernsten Themen (Tragödien) und mit heiterem Inhalt (Komödien).

Die Wissenschaft

Nicht nur in der Baukunst, auch in zahlreichen Wissenschaften gelten die Griechen als Lehrmeister. So hieß es im griechischen Volksglauben lange Zeit: Wenn Zeus seinen gewaltigen Schild im Zorn schüttelt, bewegen sich die Wolken, bildet sich Gewitter, löst er den Donner aus; als furchtbare Waffe schleudert er den Blitz. Ab dem 6. Jahrhundert v. Chr. aber gaben sich die griechischen Gelehrten mit derartigen Erklärungen nicht mehr zufrieden. Sie begannen planmäßig zu forschen.

* Akustik
Das ist die Ausbreitung des Schalls.

Weil sich diese Forscher vor allem für die Natur und deren Gesetze interessierten, bezeichnet man sie als Naturphilosophen. Die Griechen haben so die Grundlagen für das moderne *wissenschaftliche Denken gelegt.

Die Philosophie

Mit dem *Philosophen Sokrates (469–399 v. Chr.), der selbst keine einzige Zeile geschrieben hat, begann eine neue Epoche der griechischen und damit der europäischen Philosophie. Sokrates' Gedanken wurden von seinem Schüler Platon (427–347 v. Chr.) schriftlich festgehalten. Er verbrachte sein Leben vor allem auf Marktplätzen und in den Straßen, wo er mit den unterschiedlichsten Menschen redete. Er wollte sie nicht belehren, sondern von seinen Gesprächspartnern lernen. Er fragte sie: „Was ist gut? Was ist böse? ... Was ist Tapferkeit? Was ist Feigheit? Von sich selbst behauptete er: „Ich weiß, dass ich nichts weiß." Sokrates verglich seine Tätigkeit mit der Hebammenkunst: So wie diese bei der Geburt hilft, wollte auch er den Menschen bei der „Geburt" der Einsicht helfen.

Forschung in der Medizin

Der Arzt Hippokrates (460–370 v. Chr.) übertrug das wissenschaftliche Denken auf die Medizin. Im Altertum wurden Krankheiten auf den Einfluss von Gottheiten zurückgeführt. Deshalb versuchte man sie mit Opfern an die Götter zu heilen. Hippokrates dagegen beobachtete seine Kranken sehr genau und schrieb sorgfältig alles auf, was ihm wichtig erschien. So gelang es Hippokrates im Lauf der Zeit, die Zeichen einer Krankheit genau zu deuten und Methoden und Mittel zur Heilung herauszufinden. Hippokrates formulierte als Erster moralische Grundsätze der Medizin, auf die Ärzte lange einen Schwur leisteten (Hippokratischer Eid).

3 – Blick auf das Bundesverwaltungsgericht in Leipzig. Foto, 2006.

Das Erbe des antiken Griechenland

In der Antike entstand mit der politischen Ordnung Athens die erste Demokratie. Die Idee, dass alle Bürger eines Staates ein Mitbestimmungsrecht haben,hat seit dieser Zeit die Menschen immer wieder ermuntert, für dieses Recht zu kämpfen.Die Verfassung der USA (1776) wurde davon ebenso geprägt wie das Grundgesetz der Bundesrepublik Deutschland (1949). Die Olympischen Spiele sind wiederkehrende Ereignisse unserer Zeit, die erstmals im antiken Griechenland stattfanden.
Weit wichtiger ist aber der Einfluss des antiken Griechenlands auf die Entwicklung der Wissenschaften. Weiterhin bildete das griechische Alphabet, das auch heute noch in der Mathematik und anderen Wissenschaften Verwendung findet, die Basis für die Entstehung des lateinischen Alphabets, das wir bis heute nutzen.

* **Wissenschaftliches Denken**
Als beispielhaft können die Erkenntnisse von Pythagoras (582–496 v. Chr.) und Eratosthenes (276 oder 273–194 v. Chr.) gelten: Bereits Pythagoras erkannte die Kugelgestalt der Erde und des Mondes; Eratosthenes gelang es später, den Umfang der Erde zu bestimmen.

* **Philosoph**
(griech. Philos = der Freund, sophia = die Weisheit) Der Philosoph fragt nach den Ursprüngen des Denkens und Seins, nach dem Wesen der Welt und der Stellung des Menschen im Universum.

1. Ermittle die Bedeutung der folgenden Begriffe, die aus dem Griechischen stammen, im Lexikon oder im Internet: Physik, Mathematik, Geographie, Architektur, Historie, Theorie, Logik. Notiere die Ergebnisse.
2. Nenne mithilfe des Textes typische Elemente, an denen griechische Bauwerke zu erkennen sind.
3. Untersuche das Foto der Altstädter Wache auf Kriterien klassischer griechischer Baukunst und benenne die verschiedenen Bestandteile.
4. Erläutere mithilfe des Texts und Bild 2, welche Eigenschaften des Theaters heute aus dem antiken Griechenland stammen.
5. Ein Bauer, der Gewitter für die Taten Zeus hält, unterhält sich mit einem Naturphilosophen. Was könnten beide gesagt haben?
6. Beantworte mithilfe dieser Doppelseite die Frage der Seite: Athen – Wiege der Kultur und Wissenschaft?

Über den Tellerrand geschaut

Die sieben Weltwunder der Antike

1 – Die sieben antiken Weltwunder.

Bauwerke von besonderer Schönheit und Größe

Der wohl erste Reiseführer der Menschheit wurde im zweiten Jahrhundert v. Chr. von dem griechischen Schriftsteller Antipatros von Sidon geschrieben. In ihm zählte er imposante Bauwerke sowie Statuen im Mittelmeerraum und Vorderasien auf, die zur damaligen Zeit als besonders beeindruckend galten. Er entschied sich bei seiner Zusammenstellung für sieben Weltwunder, da die Zahl sieben damals als vollkommen galt und somit die Meisterwerke in ihrer Bedeutung noch erhöhte. Die Liste von Antipatros benannte folgende Wunder (siehe Karte 1):

- Der Koloss von Rhodos
- Das Mausoleum von Halikarnassos
- Der Leuchtturm auf der Insel Pharos bei Alexandria
- Die Hängenden Gärten der Semiramis in Babylon
- Der Tempel der Artemis
- Die Zeusstatue von Olympia
- Die Pyramiden von Gizeh

Heute kann man nur noch die Pyramiden von Gizeh bestaunen. Die anderen Weltwunder wurden durch Naturgewalten und Kriege zerstört oder verfielen im Laufe der Zeit. Immer wieder werden Versuche unternommen, neue Listen von Weltwundern zu erstellen.

1 Ordne den Abbildungen das jeweilige Weltwunder zu.

2 Stell dir vor, du dürftest einen Vorschlag machen, was auf die neueste Liste der Weltwunder kommen soll. Nenne zwei Empfehlungen und begründe deine Entscheidung.

3 Wählt in Partnerarbeit eines der Weltwunder aus. Recherchiert Informationen über das Bauwerk/die Skulptur. Erstellt dann ein Plakat mit Informationsmaterial (Texte, Bilder) und stellt euer Ergebnis in der Klasse vor.

▶ *Der Webcode hilft euch bei der Recherche im Internet.*

Das kann ich …

Griechenland als Wurzel der europäischen Kultur

Wichtige Begriffe

Polis
Zeus
Kolonien/Kolonisation
Olymp
Olympische Spiele
Demokratie
Volksversammlung
Sklaven
Metöken
Sparta
Eid des Hippokrates

Wissen und erklären

1 Erklärt euch gegenseitig die wichtigen Begriffe und schreibt deren Bedeutung in euren Geschichtshefter.

2 Übertragt den Lückentext 1 in euren Geschichtshefter und setzt die fehlenden Begriffe ein.

Anwenden

3 Untersuche Bild 4 mithilfe der Methode „Bilder und Symbole untersuchen“, S. 102.

▶ *Welches Verhältnis der Personen wird durch die Darstellung deutlich?*

Beurteilen und Handeln

4 Entwerft eine Rede für die Volksversammlung, in der ihr die demokratische Verfassung Athens lobt.

5 „Die Verfassung Athens ist für mich keine wirkliche Demokratie“. – Nimm begründet Stellung zu dieser Aussage.

6 Vergleicht die Bilder 1 und 2 und nennt Unterschiede zwischen der Demokratie in Athen und unserer Demokratie.

Im antiken Griechenland gab es nicht eine Hauptstadt, sondern viele ... In Athen durften die Bürger seit dem ... Jahrhundert die Politik weitgehend mitbestimmen. Regelmäßig traf man sich in den ..., um Beschlüsse zu fassen. Der Politiker Perikles nannte Athen eine ..., da alle freien Bürger die gleichen Rechte besaßen. Ausgeschlossen von der politischen Mitbestimmung blieben aber z. B. ... und ... Berühmt bis heute sind die ... Sie fanden ab 776 v. Chr. alle vier Jahre zu Ehren des ... statt.

1 – Lückentext

2 – Athenische Volksversammlung.

3 – Kabinettsitzung im Deutschen Bundestag. Foto, 2010.

4 – Ein Hochzeitszug. Vasenbild, um 460 v. Chr.

Webcode: EV658268-129
Selbsteinschätzungsbogen

Hier spielt die Geschichte …

Griechenland als Wurzel der europäischen Kultur

Rollenspiel – Ein Scherbengericht durchführen

Einführung zum Rollenspiel

Was ein Scherbengericht ist, habt ihr bereits erfahren. Selbst der große Perikles musste sich im Jahre 443 v. Chr. einem solchen unterziehen. Ihm wurde vorgeworfen, dass er seine Macht missbrauche und Staatsgelder verschwende. Sein Gegner war Thukydides, einer zur damaligen Zeit angesehener Politiker und Feldherr. Der bedeutende Geschichtsschreiber Plutarch berichtete über dieses bedeutende Ereignis.

Ihr sollt dieses Scherbengericht nachstellen. Hierbei schlüpfst du kurzzeitig in eine andere Person. Du denkst, fühlst und handelst wie diese, unabhängig davon, was du selbst meinst. Es ist fast so, als ob du ein Schauspieler bist. Anschließend sollst du dir selbst eine Meinung, ein eigenes Urteil bilden. (vgl. Methodenseite)

Folgende Personen aus Athen nehmen an unserem Scherbengericht teil:

- **Eupolis** – ein Komödiendichter
- **Anaxagoras** – ein Freund des Perikles und Philosoph
- **Phidias** – ein angesehener Baumeister
- **Kimon** – ein Feldherr
- **Ephialtes** – ein Soldat sowie
- **Isokrates** – ein Finanzbeamter.

Informationstext

Perikles herrschte nun schon fast 20 Jahre in Athen. Er besaß großen Einfluss und sehr viel Macht in der Polis. Unmäßig viel Geld verwendete er während dieser Zeit für die Errichtung von großen, prächtigen Gebäuden. Perikles wollte, dass alle sehen, welche Stadt die bedeutendste und schönste auf der Welt ist – Athen.
Unter Perikles Herrschaft erlebten auch die Kultur und die Künste eine neue Blütezeit. Die Wissenschaften konnten sich weiterentwickeln und Athen wurde zu einer Kulturhauptstadt der damaligen Zeit.
Allerdings veruntreute Perikles für all dies einen großen Teil der Gelder des Bundesschatzes des Attischen Seebundes, dem Athen vorstand. Damit zog sich Athen wiederum den Zorn der anderen Mitglieder des Bundes zu. Diese sagten, dass Athen zu sehr an sich denken würde. Athen solle daran denken, dass es selbst zu schwach sei, um sich militärisch gegen einen kriegerischen Angriff zu wehren. Aber Perikles argumentierte, dass Athen die Hauptlast am Krieg getragen habe, es eine Sonderrolle besäße und deshalb der Stadt ein gewisser Teil des Bundesschatzes durchaus zustehe.

Durchführung

1. Lest euch in Ruhe die Schriftrolle durch. Findet heraus, was für Perikles und was andererseits gegen ihn, also für eine Verbannung, spricht. Fertige hierzu eine zweispaltige Tabelle an und notiere wichtige Fakten. (Vgl. Schritt 1 der Methode „Ein eigenes Urteil bilden“, S. 114)
2. Lost aus, wer sich in welche der sechs Personen hineinversetzen soll. Bildet entsprechende Gruppen.
3. Diskutiert nun innerhalb der Gruppe, welche Position ihr zum Streit einnehmt. Achtet dabei auch auf eure Berufe. Seid ihr für eine Verbannung des Perikles oder dagegen? Begründet eure Meinung mithilfe der Tabelle.
4. Fertigt eine Rollenkarte an. Notiert auf ihr, welche Position ihr einnehmt und notiert zwei Begründungen (Argumente).

Argument 1:

....

....

Argument 2:

....

....

5. Bestimmt ein Mitglied eurer Gruppe, die die Person während des Scherbengerichts spielen darf.
6. Stellt euch nun vor, ihr wäret auf dem Hügel Pnyx in Athen. Verschiedene Meinungen zu Perikles werden hier ausgetauscht.
Jede Person darf nun einmal sprechen und seine Argumente vorbringen. Vielleicht habt ihr auch eine Art Moderator, der alle zu Wort kommen lässt und Unruhe verhindert.
7. Nun kommt es zum eigentlichen Scherbengericht. Jeder von euch entscheidet sich, ob Perikles aus Athen verbannt wird oder nicht. Dabei ist es unwichtig, welche Person ihr bisher erarbeitet hattet. Bildet euch ein eigenes Urteil. (Vgl. Schritt 4 der Methode „Ein eigenes Urteil bilden“, S. 114). Nehmt einen Zettel und notiert darauf entweder Perikles oder Thukydides.
8. Zählt nun die Stimmen aus. Fragt euren Lehrer, ob ihr die gleiche Person verbannt habt wie die Athener 443 v. Chr.

Gewusst wie … arbeiten mit Methode

Methodenübersicht

Informationen beschaffen

Im Internet recherchieren

Eine gute Möglichkeit, Informationen zu beschaffen, bietet das Internet. Allerdings solltest du folgende Hinweise bei der Arbeit mit dem Internet beachten.

1 Internetrecherche
Zunächst solltest du prüfen, ob die Internetrecherche sinnvoll ist. Sie kann sinnvoll sein, wenn
- du schnell Informationen benötigst,
- du aktuelles Datenmaterial suchst,
- du Material benötigst, über das die örtlichen Bibliotheken nicht oder nicht so schnell verfügen können,
- du vielleicht noch nicht genau weißt, welche Informationen es zu einem Thema gibt.

2 Wie finde ich was im Internet?
Am einfachsten ist es, wenn man die Adresse kennt. Sehr häufig wird inzwischen in Zeitungen, Zeitschriften und im Fernsehen die Internetadresse angegeben – sie beginnt mit „www". Achte darauf, die Adresse genau anzugeben – vor allem die Punkte.
Viele Adressen sind hingegen unbekannt. Sie müssen über „Suchmaschinen" herausgefunden werden. Die bekanntesten Suchmaschinen für Kinder findest du unter: fragfinn oder seitenstark

3 Mit Suchmaschinen arbeiten
- Gib den Namen der gewünschten Suchmaschine ein.
- Auf der Startseite der Suchmaschine gibst du den Suchbegriff ein: „Steinzeit". Die Suchmaschine durchforstet das ganze Web und du erhältst innerhalb kürzester Zeit auf dem Bildschirm eine Liste mit Internetadressen. An der Statuszeile kannst du ablesen, wie viele Einträge diese Liste umfasst.
- Die Liste ist zu lang? Du kannst deine Auswahl auch durch zwei oder mehr Suchbegriffe einschränken (z. B. „Altsteinzeit", „Jungsteinzeit").
- Sobald du eine vielversprechende Adresse hast, klickst du mit dem Mauszeiger auf diesen Link. Findest du unter der angezeigten Seite Informationen, die du zur Lösung deiner Fragestellung gebrauchen kannst, solltest du sie komplett oder in Auszügen auf der Festplatte deines Computers speichern und ausdrucken. Gib die Adresse dieser Seite als „Quelle" an, auch wenn du nur Auszüge verwendest. Und Achtung: Jeder kann im Internet Inhalte ungeprüft veröffentlichen. Du musst also auch prüfen, von wem die Informationen stammen und – soweit dies geht – ob sie sachlich richtig sind.

Ein Museum erkunden

1 Vorbereitung des Museumsbesuchs
- Welches Museum möchtet ihr besuchen? Zu welchen Themen gibt es dort Ausstellungen?
- Was wollt ihr im Museum lernen?
- Welche besonderen Aktionen/Programme bietet das Museum an?
- Welche Prospekte oder Materialien stellt das Museum für die Vorbereitung des Besuchs zur Verfügung? Fordert diese telefonisch an oder ladet sie von der Homepage der Museumshomepage herunter.

- Vereinbart einen Termin für die Besichtigung und Führung. Klärt hierbei auch die Kosten für die Anreise sowie eventuelle Eintrittsgelder.
- Wie sollen die Ergebnisse des Museumsbesuchs festgehalten werden, z. B. mit einem Erkundungsbericht, einem Museumsrätsel oder einer Wandzeitung?

2 Durchführung des Museumsbesuchs
- Erfragt am Eingang, welches Programm für euch vorbereitet wurde und ob ihr im Museum fotografieren dürft.
- Durchquert, wenn es möglich ist, erst einmal das gesamte Museum, um einen Überblick zu erhalten.
- Führt anhand eurer Materialien den geplanten Rundgang durch und notiert euch die erfragten sowie weitere interessante Informationen.
- Stellt möglichst viele vorbereitete, aber auch spontane Fragen an den Museumsführer.

3 Auswertung und Vorstellung der Ergebnisse
- Nach der Exkursion sichtet ihr das gesammelte Material und beschafft euch, wenn nötig, noch weitere Informationen.
- Erstellt die vorher festgelegte Präsentationsform.
- Was ist bei dem Museumsbesuch gut verlaufen? Was hättet ihr in der Vorbereitung oder Durchführung besser machen können?

Informationen ordnen

Eine Mindmap erstellen

Wenn du dir über ein Thema Gedanken machen und Informationen zusammentragen sollst, ist es sinnvoll, diese in eine übersichtliche und geordnete Form zu bringen. Neben dem Erstellen einer Tabelle oder eines Clusters ist das Zeichnen einer Mindmap ein geeignetes Vorgehen. Hier werden Gedanken nicht hinter- oder untereinander notiert, sondern es entsteht – wie es der englische Begriff schon sagt – eine Gedankenkarte.
Eine Mindmap kann nicht nur Wissen aus einem vorgegebenen Text ordnen, sondern auch eigene Gedanken in eine Form bringen. Dabei kann die Mindmap immer wieder ergänzt und erweitert werden. Neben handschriftlichen Gedankenkarten ist es möglich, eine Mindmap auch am Computer zu erstellen.

1 Thema festlegen und Informationen sammeln
- Wähle ein Thema aus, über das du etwas erfahren möchtest.
- Suche dazu Texte und/oder Bilder.
- Unterstreiche nützliche Informationen zum Thema im vorliegenden Text.
- Überlege, welche Begriffe zusammengehören, und finde Überschriften.

2 Mind-Map zeichnen
- Nimm ein Papier zur Hand.
- Formuliere das Thema in der Mitte, am besten umrahmst du es.
- Zeichne nun so viele dicke Hauptlinien vom Thema in der Mitte nach außen, wie du Überschriften gefunden hast.
- Schreibe diese an die Enden der Hauptlinien.
- Davon ausgehend zeichnest du weitere, dünnere Zweige. Notiere an deren Ende dazugehörige Stichworte.

3 Symbole und Farben einfügen
- Die Überschriften und besonders wichtige Stichpunkte solltest du jetzt durch Unterstreichen oder verschiedene Farben hervorheben. So kannst du auf einen Blick erkennen, was Ober- und Unterpunkte sind.
- Zum besseren Einprägen kannst du Symbole oder einfache Zeichnungen zu den einzelnen Überschriften malen.

Eine Zeitleiste erstellen

Zeitleisten sind besonders für das Fach Geschichte, aber auch in anderen Fächern, wie Deutsch, Gemeinschaftskunde oder Geografie, ein wichtiges Hilfsmittel, um Ereignisse übersichtlich und aufeinanderfolgend darzustellen.
Diese eignen sich beispielsweise auch, um anhand von Bildquellen (Fotos) die eigene Familiengeschichte zu rekonstruieren. Hilfreich sind hierfür, neben zeitgenössischen Fotos auch Informationen über die Familiengeschichte deiner Eltern und Großeltern.

1 Thema und Zeitspanne festlegen
- Lege das Thema der Zeitleiste fest.
- Stecke die Zeitspanne ab.

2 Material suchen und ordnen
- Führe eine Recherche zum gewählten Thema durch.
- Sammle Fakten und Bilder zu der von dir festgelegten Zeitspanne.
- Ordne das Material in der richtigen Reihenfolge. Beginne mit den ältesten Fotos/Ereignissen.

3 Zeitleiste anlegen
- Nimm ein großes Blatt Papier oder eine Tapetenbahn als Grundlage für deine Zeitleiste.
- Zeichne einen Pfeil in die Mitte des Blattes, damit du ober- und unterhalb arbeiten kannst.
- Schreibe das Jahr, welches am weitesten zurückliegt, ganz links. Unterteile die Zeitleiste in sinnvolle Abschnitte. (Beispielsweise kann 1 cm ein Jahr oder zehn Jahre bedeuten, je nachdem, wie groß die Zeitspanne ist, die du darstellen möchtest und wie viel Platz du für die Zeitleiste hast.)
  Hinweis: Denke daran, dass gleichgroße Zeiträume auch immer gleichgroß abgebildet werden müssen.

4 Zeitleiste gestalten
- Gestalte deine Zeitleiste mithilfe von Bildern und Zeichnungen sowie entsprechenden Beschriftungen (Zahlen, Informationen zum Ereignis, etc.)

Informationen fachgerecht auswerten

Sachtexte bearbeiten und verstehen

Sachtexten begegnest du sehr häufig, nicht nur in Lehrbüchern. In ihnen werden wichtige Ergebnisse aus Wissenschaft und Forschung zusammengetragen. Oftmals ist es schwer, Sachtexte zu verstehen, weshalb man in kleinen Schritten vorgehen sollte. Die Fünf-Schritt-Lesemethode kennst du vielleicht schon aus dem Deutschunterricht.

1 Überfliegen des Textes
- Lies den Text einmal grob durch. Überfliege ihn.
- Beachte auch Zwischenüberschriften und Bilder oder Zeichnungen.
- Halte fest: Um welches Thema geht es? Was weißt du schon darüber?
  Was möchtest du noch wissen?

2 Fragen stellen
- Beantworte die W-Fragen: Wer? – Was? – Wann? – Wo? – Wie? – Warum?

3 Genaues Lesen, Unbekanntes klären, Schlüsselwörter markieren
- Lies den Text erneut durch. Kläre die Bedeutung unbekannter Wörter.
- Kennzeichne unklare Stellen mit einem Fragezeichen.
- Markiere wichtige Stellen und Schlüsselwörter im Text, z. B. mithilfe eines Textmarkers oder durch Unterstreichen.

4 Gliedern des Textes
- Unterteile den Text in Abschnitte. Orientiere dich dabei an der Textstruktur. (Absätze)
- Formuliere zu den einzelnen Abschnitten Teilüberschriften, die den Inhalt des jeweiligen Textteils wiedergeben.

5 Wiedergabe des Textinhalts
- Formuliere den Inhalt des Textes mithilfe der Zwischenüberschriften und markierten Textstellen.
- Kontrolliere, welche W-Fragen (Schritt 2) beantwortet wurden.

Bilder und Symbole untersuchen

Vielleicht warst du schon in einer Kunstausstellung und hast dir verschiedene Gemälde genauer angesehen. Bilder und Wandmalereien, aber auch Abbildungen auf Vasen oder anderen Gegenständen, enthalten oft versteckte Hinweise, die der Künstler eingearbeitet hat, um darzustellen, wie das Leben früher war – was er kritisiert oder Sachen, die er sich erhofft.
Deshalb sind Bilder wichtige Quellen für die Historikerinnen und Historiker.
Häufig greifen Maler auf Symbole zurück. Der Begriff stammt aus der griechischen Sprache und bedeutet Sinnbild. Symbole können Wörter oder Zeichen sein, die nur in einem bestimmten Zusammenhang verstanden werden können. Sie sind wie Stellvertreter einer Sache, die nicht sichtbar sind. Du begegnest Symbolen tagtäglich, zum Beispiel auf dem Handy in Form von Smileys oder auf der Straße als Verkehrszeichen. Es lohnt sich also genauer hinzuschauen, um Bilder zu entschlüsseln.

1 Ersten Eindruck festhalten
- Formuliere einen ersten Eindruck: Was ist auf dem Bild zu sehen?
- Was fällt dir sofort auf?
- Besitzt das Bild einen Titel?

2 Die Einzelheiten des Bildes beschreiben
- Aus welcher Zeit stammt das Bild? (Bildlegende beachten)
- Beschreibe das Bild möglichst genau.
- Welche einzelnen Elemente sind auf dem Bild zu sehen, zum Beispiel Personen oder Gebäude, Landschaften oder Symbole?
- Wie sind die Personen dargestellt (Kleidung/Frisuren/Gesichtsausdruck)?
- Gibt es Unterschiede bei der Darstellung der verschiedenen Personen (Größe/Hautfarbe/Ausschmückung)?
- Beschreibe die Situation oder Handlung, die das Bild zeigt. Greife dabei auf anschauliche Adjektive zurück.
- Gibt es weitere Gegenstände? Welche Funktion haben diese?

3 Zusammenhänge erklären
- Wie ist das Verhältnis der Personen untereinander und was tun sie?
- Gibt es Gegenstände/Symbole, die eine besondere Bedeutung haben könnten?
- Was verrät das Bild über das Leben der Menschen zur damaligen Zeit (Lebensumstände, Familiensituation, Arbeitsleben usw.)?

4 Zusatzinformationen beschaffen
- Wer ist der Künstler? Wann lebte er? Für wen hat er das Bild angefertigt?
- Was kann ich aus anderen Quellen über das Dargestellte erfahren?
- Gibt es weitere Bilder zum gleichen Thema?
- Was ist mir unklar geblieben? Wie kann ich meine Fragen beantworten?

Ein eigenes Urteil bilden

Manchmal beobachten wir Dinge oder erleben Situationen, in denen wir unsicher sind, ob sie gut sind oder nicht. Dann müssen wir uns eine eigene Meinung darüber bilden und diese begründen können. Auch Historikerinnen und Historiker fällen Urteile über geschichtliche Geschehnisse oder Persönlichkeiten. Bevor sie dies allerdings tun, müssen sie sich gründlich informieren, zum Beispiel mithilfe von Bild- und Textquellen. Sie fällen anhand dieser Ergebnisse ein sogenanntes Sachurteil. Wenn die Historikerinnen und Historiker dann einen eigenen Standpunkt dazu einnehmen, wird von einem Werturteil gesprochen. Die Fakten werden mit eigenen Wertvorstellungen verglichen und abgewogen. Wichtig dabei ist, sein Werturteil zu begründen, damit auch andere dieses verstehen. Jeder Mensch kann unterschiedlich urteilen oder aber abwägen: (einerseits ... – andererseits ...).
Umso bedeutender ist es, die Meinungen anderer zu respektieren.

1 Art des Urteils festlegen
- Willst du wissen, was passiert ist und ein Urteil aus der damaligen Sicht fällen, triffst du ein Sachurteil.
- Möchtest du etwas aus deiner Sicht bewerten, fällst du ein Werturteil.

2 Informationen sammeln
- Stelle verschiedene Sachtexte, Zeitzeugenberichte oder bildliche Darstellungen zum Thema zusammen und sichte diese.

3 Quellen überprüfen
- In welchem Zusammenhang stehen die gelieferten Informationen zum bereits Bekannten?
- Wie glaubwürdig sind die Informationen? Verfolgte

der Verfasser ein bestimmtes Ziel oder schrieb er im Auftrag einer anderen Person, die bestimmte Interessen verfolgte (Auftraggeber)?
- Wie sehr kann man den überlieferten Texten trauen? Berichtet ein Zeitzeuge anhand eigener Erlebnisse oder anhand von Berichten anderer? Überprüfe, welchen Zweck Texte erfüllen sollten oder welche Absicht Autoren mit ihm verfolgten.

4 Aus heutiger Sicht ein Werturteil bilden.
- Vergleiche die damaligen Geschehnisse mit heute. Beurteile die Ereignisse/Situation aus deiner heutigen Sicht. Würdest du zustimmen? Begründe deine Entscheidung. (Werturteil)

5 Vergleich von Urteilen
- Höre dir die Urteile anderer an. Welches Urteil überzeugt dich, welches nicht? Dabei ist der gegenseitige Respekt wichtig.

Informationen präsentieren

Ein Lernplakat erstellen

Mit einem Lernplakat kannst du wichtige Ergebnisse zusammenfassen und veranschaulichen. So kannst du ein Thema präsentieren, deinen Mitschülerinnen und Mitschülern vorstellen und erläutern.

1 Thema auswählen
Orientiere dich, welche Themen zur Auswahl stehen. Entscheide dich für ein Thema. Du kannst mit einem Partner oder in der Gruppe arbeiten.

2 Wahlthema erarbeiten
Arbeite dein Wahlthema in Partnerarbeit oder Gruppenarbeit durch.
- Lies die Texte, betrachte das Bildmaterial dazu.
- Bereite das Lernplakat vor:
  Wie soll die Überschrift lauten?
- Welche Materialien werden benötigt?
  Stelle einen Arbeitsplan auf.

3 Material sammeln und auswählen
Sammle Bilder, Texte und weitere Materialien zu deinem Lernplakat. Du kannst in Sachbüchern, in einem Lexikon oder im Internet über das Thema weiter recherchieren. Trage deine Ergebnisse zusammen.

4 Das Lernplakat gestalten
Achte dabei auf Folgendes:
- Die Überschrift muss gut lesbar sein.
- Die Bilder und Fotos müssen zum Thema passen.
- Es muss insgesamt gut erkennbar sein, um welches Thema es geht.
- Die Texte und die Bilder sollten so angeordnet sein, dass die Betrachter schnell das Wichtigste erfassen können.
- Das Lernplakat informiert und zeigt deine Arbeitsergebnisse. Du kannst mithilfe des Plakates das Thema erläutern (Kurzvortrag).

A

Akropolis
Von Griech. „Oberstadt“ ist ein hoch gelegener, geschützter Punkt zahlreicher antiker griechischer Städte, auf dem sich zumeist der Herrschersitz befand.

Altsteinzeit
Vor etwa 2 Millionen Jahren begann die Altsteinzeit. Sie endete mit der letzten Eiszeit vor 12 000 Jahren. In dieser Zeit lebten die Menschen ausschließlich als Jäger und Sammler. Sie zogen in familienähnlichen Lebensgemeinschaften von etwa 20 bis 30 Personen umher. Ihre Geräte und Waffen stellten sie aus Steinen, Knochen und Holz her.

Antike
Die Antike ist ein Zeitabschnitt nach der nichtschriftlichen Vor- und Frühgeschichte; beginnend mit den frühen Hochkulturen um 3000 v. Chr., endend mit dem Zerfall des Weströmischen Reiches ca. 500 n. Chr. Die Zeit der klassischen Antike in Griechenland beginnt um 1000 v. Chr. und endet um 500 n. Chr.

Archäologinnen / Archäologen
Sie erforschen durch Ausgrabungen und Bodenfunde alte Kulturen. Viele Funde werden zufällig entdeckt, z. B. bei Bauarbeiten. Die Auswertung der Funde erfolgt in einem Labor. Die Wissenschaft der Archäologen wird Archäologie genannt.

Aristokratie
(griech.: aristoi = die Besten; kratein = herrschen) Aristokratie bezeichnet die Herrschaft einer adligen Minderheit. Staatsform in den griechischen Stadtstaaten.

B

Bronzezeit
Sie dauerte von etwa 2200 bis 800 v. Chr. Die Verarbeitung von Bronze setzte sich zuerst im östlichen Mittelmeerraum für Werkzeuge, Waffen und Schmuck durch. Mit Steinhämmern zerkleinerten die Bergarbeiter große Erzbrocken und mahlten sie anschließend mit Handmühlen. Das Erz wurde erhitzt, dann wurde die entstehende Bronze mit Zinn in einem Schmelzofen geschmolzen und in Formen gegossen. Aus den Formen konnten nun Schmuck, Werkzeuge und Waffen hergestellt werden.

Bürger
Dies waren in der Antike alle Personen, die am politischen Leben aktiv teilnahmen und das Bürgerrecht besaßen (männliche Freie mit Besitz).

C

Christentum
Christen glauben an Jesus Christus, den Sohn Gottes, der als Mensch vor mehr als 2000 Jahren in Bethlehem, Palästina, geboren wurde. Das Christentum gehört, wie auch das Judentum und der Islam, zu den sogenannten Offenbarungsreligionen. Diese Religionen stützen sich auf Offenbarungen (Botschaften), die Menschen von Gott empfangen haben.

D

Demokratie
(griech.: demos=Volk, kratie=Herrschaft) Dies bezeichnet die Herrschaft aller im Unterschied zur Aristokratie und Monarchie. Es war in der Antike die Herrschaft aller männlichen Staatsbürger (Vollbürger) ab 20 Jahren, deren Eltern Athener waren. Diese relativ kleine Gruppe im Verhältnis zur Gesamtbevölkerung wirkte direkt an politischen Entscheidungen mit.

E

Eisenzeit
Die Eisenzeit dauerte von 800 bis 15 v. Chr. Für die Herstellung von Waffen und Werkzeugen wurde immer häufiger Eisen verwendet.

Epoche
Dies ist ein größerer Abschnitt in der Geschichte. Wir unterscheiden zwischen der Urgeschichte, der Antike, dem Mittelalter und der Neuzeit.

Europa
Abgeleitet vom griech. Wort „erobos“ (= dunkel). Es steht für das Abendland (Okzident), wo die Sonne untergeht; im Gegensatz zum Morgenland (Orient) wo die Sonne aufgeht.

Evolution
Stammt aus dem Lateinischen (evolvere) und bedeutet Entwicklung.

H

Hellenismus
Der Siegeszug Alexanders hatte zur Folge, dass sich im Mittelmeerraum und im Orient die griechische Sprache und die Lebensformen der Hellenen weit verbreiteten. Diese Epoche (300–30 v. Chr.) wird daher mit dem Begriff „Hellenismus“ bezeichnet.

Historiker (Geschichtswissenschaftler)
(griech.: Erkundung, Erforschung) Ein Historiker ist ein Wissenschaftler, der sich mit der Erforschung und Darstellung der Geschichte beschäftigt. Ein wichtiger Bestandteil dieser Arbeit ist die Überprüfung von Aussagen der geschichtlichen Quellen.

Hochkultur
Merkmale einer Hochkultur wie in Ägypten oder Mesopotamien waren: Staat mit zentraler Verwaltung und Regierung, Arbeitsteilung, ein Abgaben- oder Steuersystem, Recht, Schrift, Zeitrechnung, Kunst, Architektur, Anfänge von Wissenschaft und Technik.

Horden und Sippen
Familienähnliche Lebensgemeinschaft von ca. 20 bis 40 Menschen in der Altsteinzeit.

I

Islam
Der Islam ist eine Religion, die im frühen 7. Jahrhundert in Arabien durch den Propheten Mohammed gestiftet wurde. Der Islam ist mit etwa 1,3 Milliarden Anhängern nach dem Christentum (2,1 Milliarden) die zweitgrößte Religion der Welt. Seine Anhänger bezeichnen sich als Muslime oder Moslems. Das Wort „Islam“ ist arabisch und bedeutet Unterwerfung, Hingabe und Gehorsam gegenüber Gott. Ein gläubiger Moslem ist gehalten, sich dem einen Gott Allah ohne Vorbehalte zu unterwerfen. Der Islam ist damit wie das Judentum und das Christentum eine monotheistische Religion. Die heilige Schrift der Muslime ist der Koran.

J

Judentum
Das Judentum ist wie das Christentum und der Islam eine monotheistische Religion, also eine Religion, in der man an nur einen Gott glaubt. Die heilige Schrift der Juden ist die Thora, die aus den fünf Büchern Mose besteht. Sie wurde dem Volk der Juden von Gott übergeben. Der Ort des jüdischen Gottesdienstes ist die Synagoge.

Jungsteinzeit
Sie begann im Vorderen Orient um 11 000 v. Chr., im heutigen Deutschland etwa um 5500 v. Chr., und dauerte bis etwa 2200 v. Chr. In dieser Zeit gingen die Menschen zum Ackerbau und zur Viehzucht über. Sie wurden sesshaft und lebten in Siedlungen.

K

Kelten
Sie bewohnten um 500 v. Chr. ein Gebiet, das sich von Ostfrankreich über West- und Süddeutschland bis nach Tschechien erstreckte. Von diesem Kerngebiet aus zogen im Laufe der Jahrhunderte immer wieder

keltische Stämme bis nach Italien, Griechenland oder sogar Kleinasien. Andere drangen bis an die französische Mittelmeerküste vor, setzten nach England über und besiedelten auch Irland. In ihrem gesamten Herrschaftsbereich führten die Kelten den Gebrauch des Eisens ein. Woher sie die Kenntnis der Eisenverarbeitung hatten, ist bis heute nicht bekannt.

Kolonie
Eine Kolonie ist eine Tochtergründung einer griechischen Mutterstadt außerhalb der Heimat.

König
Ein König ist eine Person, die durch das Vorrecht der Geburt, z. B. durch Abstammung aus dem Adel, an der Spitze eines Staates steht. Das Königtum im Frühmittelalter hatte sich aus den germanischen Sitten und Gebräuchen entwickelt. Die Könige im fränkischen Reich wurden zwar gewählt, traten aber auch eine Erbfolge an.

L

Langhaus
Ist eine Wohnform in der Jungsteinzeit. Zumeist besaß es eine Größe von 20×8 Metern und und beherbergte vermutlich etwa 20–30 Personen.

M

Metallzeit
Um 3000 v. Chr. lernten die Menschen, wie sie aus Metall Gegenstände formen konnten. Zunächst nutzten sie als Metall Bronze für Waffen, Werkzeuge und Schmuck. Abgelöst wurde die sogenannte Bronzezeit ab 800 v. Chr. in Europa von der Eisenzeit.

Metöken
(griechisch = Mitbewohner) Dies waren die Bewohner Athens, die vor allem in Handwerk und Handel tätig waren. Obwohl sie keine Sklaven waren, durften sie nicht an der Volksversammlung teilnehmen oder Land besitzen.

Migration
(lat.: migrare = wandern, sich bewegen) Das bedeutet, dass Menschen ihre Heimat verlassen, um woanders zu leben.

Mittelalter
Dies war die Zeit zwischen Altertum und Neuzeit. Sie begann mit der Auflösung des Weströmischen Reiches (5. Jh.) und endete mit den Entdeckungen (um 1500).

Monarchie
Monarchie bezeichnet einen Staat, in dem eine einzelne Person an der Spitze eines Staates steht (König, Kaiser). Heutige Monarchien gibt es in Dänemark, Schweden, den Niederlanden und dem Vereinigten Königreich.

Monotheismus
Der Gläubige einer monotheistischen Religion glaubt nur an einen Gott, z. B. in Judentum, Christentum, Islam.

N

Neolithische Revolution
Die Epoche der Jungsteinzeit (= Neolithikum) begann um 11 000 v. Chr. In der Jungsteinzeit änderte sich das Leben der Menschen grundlegend. Sie lebten nicht nur vom Sammeln und Jagen, sondern ernährten sich von Ackerbau und Viehzucht. Sie wurden zunehmend sesshaft und wohnten in festen Siedlungen. Diese radikale Änderung der Lebensweise wird Neolithische Revolution genannt.

Neuzeit
Die Neuzeit bezeichnet in Europa den Zeitraum von etwa 1500 bis zur Gegenwart. Die Abgrenzung zum Mittelalter wird mit dem grundlegenden Wandel durch Humanismus, Renaissance und Reformation begründet.

Nilschwemme
Die Nilschwemme ist ein durch Regen verursachtes Hochwasser und Überschwemmung durch den Nil. Der Wasserstand des Nils stieg im alten Ägypten zwischen Juni und Oktober um bis zu acht Meter an und das flache Land verschwand unter den Fluten.

Nomaden
Die Jäger und Sammler der Altsteinzeit hatten keinen festen Wohnsitz, sondern wechselten im Laufe eines Jahres ihren Siedlungsplatz, um Gebiete aufzusuchen, in denen es ausreichend pflanzliche Nahrung und Tiere gab, die sie jagen konnten.

O

Oikos
Aus dem Begriff Oikos für den Haushalt entwickelte die Vorsilbe öko- in den Wörtern Ökologie, Ökonomie, Ökosystem. Es meint alle im Haushalt zusammenspielenden Faktoren.

Olympische Spiele
Dies waren sportliche Wettkämpfe, die zu Ehren des Göttervaters Zeus in Olympia veranstaltet wurden. 293-mal konnten die Spiele 776 v. Chr. bis 393 n. Chr. in ununterbrochener Reihenfolge stattfinden. Danach wurden sie durch den römischen Kaiser Theodosius (347–395 n. Chr.) als heidnischer Brauch verboten. Der Franzose Baron de Coubertin (1863–1937) rief sie erst 1896 wieder ins Leben.

Ostrakismos
Von griech. „ostrakon“ für Scherbe bezeichnet ein Losverfahren mithilfe von Scherben zur Zeit der griechischen Antike.

P

Pharao
Dies war der Titel der ägyptischen Könige. Der Begriff bedeutet „großes Haus“, das heißt Palast. Der Pharao war als Alleinherrscher oberster Herr aller Menschen am Nil. Ihm gehörten das Land, aber auch die Menschen und Tiere, die darin lebten. Es gab auch einige Frauen auf dem Pharaonenthron.

Phönizien
Phönizien lag entlang der Ostküste des Mittelmeers auf dem Gebiet der heutigen Länder: Israel, Libanon, Syrien.

Polis
(griech.: Burg, Stadt; Mehrzahl: Poleis) Dies ist die Bezeichnung für die im alten Griechenland selbstständigen Stadtstaaten, z. B. Athen, Sparta, Korinth. Die Einwohner einer Polis verstanden sich als Gemeinschaft. Sie waren stolz auf ihre politische Selbstständigkeit und achteten darauf, wirtschaftlich unabhängig zu bleiben.

Pyramide
Eine Pyramide ist eine Grab- und Tempelform verschiedener Kulturen. Im alten Ägypten waren dies mächtige Königsgräber für den Pharao. Die größte ist die Cheops-Pyramide, erbaut um 2540 v. Chr.

Q

Quellen
Dies sind alle Überreste und Überlieferungen aus der Vergangenheit. Zu den schriftlichen Quellen zählen wir: Tagebücher, Inschriften, Verträge, Briefe, Urkunden ... Zu den nichtschriftlichen Quellen gehören Sachquellen wie Gefäße, Werkzeuge, Knochen, Baudenkmäler und bildliche Quellen wie Fotografien, Karten, Zeichnungen, Grafiken.

R

Recht
Das Recht sind Regeln, die für alle gelten und auf jeden Sachverhalt angewendet werden. Sie werden von gesetzgebenden Einrichtungen wie z. B. dem Parlament geschaffen. Schon im alten Ägypten gab es ein überliefertes Recht, das für alle galt: die Maat (= Weltordnung, Harmonie). Das erste schriftlich verfasste Recht wurde von König Hammurabi, dem Herrscher von Babylon, geschaffen.

S

Sagen
Sagen beschäftigen sich mit überlieferten Erzählungen aus der Frühgeschichte eines Volkes.

Schaduf
Hebebaum mit Gegengewicht, um im alten Ägypten Nilwasser auf höhergelegene Ebenen zu transportieren.

Spezialisierung
Dies bedeutet, sich mit einem bestimmten Bereich (zum Beispiel der Herstellung von Bienenkörben) besonders vertraut zu machen. In der Urgeschichte nutzten die Menschen die Spezialisierung bereits, um sich die Arbeit untereinander aufzuteilen.

Staat
Als Staat wird eine Form des Zusammenlebens bezeichnet, bei der eine Gruppe von Menschen – das Volk – in einem abgegrenzten Gebiet nach einer bestimmten Ordnung lebt. Der ägyptische Staat gilt als einer der ersten Staaten, die wir kennen, und wird heute als „Hochkultur" bezeichnet. Er wurde um 3200 v. Chr. gegründet, nachdem die Oberägypter die Macht über ganz Ägypten übernommen hatten.

Steinaxt
Hierbei handelt es sich um ein Instrument der Jungsteinzeit, das sowohl als Waffe als auch zum Fällen von Bäumen und dem Spalten von Holz genutzt werden konnte. Der Stein wurde so lange bearbeitet, bis er scharf genug war, diese Tätigkeiten damit zu erledigen. Der Kopf der Steinaxt wurde meist an einem Holzstab befestigt.

Statthalter
Dies ist die Bezeichnung für den Vertreter des Staatsoberhauptes oder der Regierung in einem Teil des Landes.

Steinzeit
Dies bezeichnet eine Epoche in der Frühgeschichte, die nach den Werkzeugen, die die frühen Menschen in dieser Zeit herstellten, benannt ist.

U

Urgeschichte
Darunter versteht man den Zeitraum vom Beginn der Menschheitsgeschichte bis um etwa 3000 v. Chr. Für diesen Zeitraum gibt es keine schriftlichen Quellen.

V

Verfassung
Eine Verfassung legt fest, welche Aufgaben und Rechte die Bürger haben und wer den Staat regiert. Sie kann eine „geschriebene Verfassung" sein, wie etwa das Grundgesetz der Bundesrepublik Deutschland.

Volksversammlung
Mindestens 40-mal im Jahr wurden die Bürger Athens zur Volksversammlung geladen. Auf der Volksversammlung wurden alle Gesetze beschlossen, die Beamten gewählt und über Krieg und Frieden entschieden.

W

Wahl
Nach der Einführung der Demokratie in Athen im 5. Jahrhundert v. Chr. wählte die Volksversammlung jedes Jahr die Strategen. Dabei gaben sie ihre Stimmen für einen Mann ab und derjenige mit den meisten Stimmen gewann.

Z

Zeitleiste
Damit wir die lange Geschichte der Menschheit überhaupt darstellen können, benutzen wir eine Zeitleiste. Sie ist eine in Jahre, Jahrzehnte oder Jahrtausende eingeteilte Linie, auf der man wichtige Ereignisse einträgt.

Zeitrechnung
Seit frühester Zeit haben Menschen in unterschiedlichen Kulturen die Zeit gemessen und Kalender entwickelt. Die christliche Zeitrechnung misst die Zeit in den Jahren vor und nach Christi Geburt. Nach jüdischem Glauben wurde die Welt 3761 v. Chr. erschaffen. Die islamische Zeitrechnung beginnt 622 mit dem Auszug des Propheten Mohammed von Mekka nach Medina.

Register und *Verzeichnis der Worterklärungen

Textquellenverzeichnis

2. Längsschnitt: Auf den Spuren der frühen Menschen

S. 34 Q1: https://www.br.de/themen/wissen/homo-sapiens-marokko-100.html (3. 3. 2019) **S. 39 M1:** Linda R. Owen, Männer jagen, Frauen kochen?, in: Eiszeit – Kunst und Kultur. Begleitband zur Großen Landesausstellung im Kunstgebäude Stuttgart, 18. September 2009 bis 10. Januar 2010, hrsg. v. Archäologischen Landesmuseum Baden-Württemberg, Redaktion Susanne Rau, Osterfildern (Thorbecke) 2009, S. 161, bearb. **S. 43 M1:** Herbert Kühn, Auf den Spuren des Eiszeitmenschen. Mit 32 Abbildungen und 13 Höhlenplänen im Text, 2 Übersichtskarten, 7 Vierfarbdrucken und 62 Fotos auf Kunstdrucktafeln, ²Wiesbaden (Eberhard Brockhaus) 1953, S. 94 f. **S. 51 M1:** Verfassertext **S. 53 M1:** http://www.iceman.it/de/node/24, © Südtiroler Archäologiemuseum (07. 10. 2014) **S. 55 M1:** Ingo Kraft, in: Sabine Wolfram (Hrsg.), In die Tiefe der Zeit: 300 000 Jahre Menschheitsgeschichte in Sachsen. Das Buch zur Dauerausstellung, Landesamt für Archäologie Sachsen 2014, S. 70. **S. 57 M1:** Zit. n. Germania 60, 1982, S. 61 ff., Jörg Biel: Ein Fürstengrab der späten Hallstattzeit bei Eberdingen-Hochdorf **S. 59 M1:** Zit. n. GEO Kompakt, 2007 (13: Die Steinzeit), S. 74, Christin Döring: Was in der Steinzeit auf den Tisch kam

3. Ägypten – Beispiel einer Hochkultur

S. 65 (Rätsel der Sphinx): Gustav Schwab, Die schönsten Sagen des klassischen Altertums, Berlin (Europäischer Literaturverlag GmbH) 2017, S. 138 **S. 73 M1:** Verfassertext; **S. 75 Q1:** Altägyptische Weisheit, hrsg. u. übers. v. Helmut Brunner, Darmstadt (WBG) 1988, S. 153 ff.; **S. 76 Q1:** Herodot, Gesamtausgabe, 2. Buch, hrsg. v. Hans Wilhelm Haussig, übers. v. August Horneffer, 4. Aufl., Stuttgart (Kröner) 1971, S. 145 ff. **S. 85 Q1:** Gesetzesstele Chammurabis, hrsg. u. übers. v. Wilhelm Eilers Leipzig (Hinrichs) 1932, S. 16 f., bearb. **S. 87 Q1:** Hans Wilhelm Haussig (Hrsg.), Herodot Historien, übers. v. August Horneffer, Stuttgart (Kröner) 1957, S. 85

4. Griechenland als Wurzel der europäischen Kultur

S. 94 M1: Verfassertext **S. 101 M1:** Verfassertext **S. 105 Q1:** Isokrates, Panegyrikos, hrsg. v. Josef Mesk, Leipzig (Teubner) 1903, S. 43 f. **S. 105 Q2:** Fritz Taeger, Das Altertum, Geschichte und Gestalt der Mittelmeerländer, vierte Auflage, Stuttgart 1950, S. 257 **S. 109 Q1:** Konrat Ziegler (Übers.), Plutarch. Große Griechen und Römer, Zürich, München (Artemis) 1954, S. 154 **S. 115 Q1:** Konrat Ziegler, Plutarch. Große Griechen und Römer, Zürich/Stuttgart (Artemis) 1954, S. 146 ff. **S. 115 Q2:** Thukydides, Der große Krieg, übers. u. eingel. v. Herbert Weinstock, Stuttgart (Kröner), 5. Auflage 1959 **S. 117 Q1:** Xenophon – Die Sokratischen Schriften, hrsg. u. übers. v. Ernst Bux, Stuttgart (Kröner) 1956, S. 261, bearb. **S. 119 Q1:** Xenophon – Die Sokratischen Schriften, hrsg. u. übers. v. Ernst Bux, Stuttgart (Kröner) 1956, S. 249, bearb. **S. 119 Q2:** Die Kultur der hellenistischen Welt, übers. v. William Tarn u. Gertrud Bayer, Darmstadt (WBG) 1966, S. 302 **S. 121 Q1:** Herodot, Historien V, hrsg. v. Hans Wilhelm Haussig, übers. v. August Horneffer, Stuttgart (Kröner) 4. Aufl. 1971, S. 34 **S. 121 Q2:** Herodot, Historien VII, Kap. 8, hrsg. v. Hans Wilhelm Haussig, übers. v. August Horneffer, Stuttgart (Kröner) 4. Aufl. 1971, S. 436, bearb.

Bildquellenverzeichnis

Cover: Shutterstock.com/rawf8

1. Alltägliche Begegnungen mit Geschichte

S. 10/11 (Wh. 3): dpa Picture-Alliance/Daniel Karmann/Archäologisches Forschungsprojekt St. Martin in Ermhof, b. Sulzbach-Rosenberg, Lkr. Amberg-Sulzbach; wiss. Leitung Mathias Hensch; **S. 12|1:** akg-images/ Schütze/ Rodemann; **S. 12|2:** akg-images/ Günter Schneider; **S. 12|3:** akg-images/ euroluftbild.de; **S. 13:** Cornelsen/ Carsten Märtin; **S. 13|4:** Bridgeman Images/ Godong/ UIG; **S. 14|1:** akg-images/Bildarchiv Monheim; **S. 14|2:** akg-images/Bildarchiv Monheim; **S. 14|3:** akg-images/ Bildarchiv Monheim; **S. 14|4:** stock.adobe.com/ Uwe; **S. 14|5:** action press/ Slavek Ruta; **S. 15|6:** Imago Stock & People GmbH/ Harald Lange; **S. 15|7:** akg-images/ Bildarchiv Monheim; **S. 15|8:** stock.adobe.com/ pusteflower9024; **S. 16|1:** interfoto e.k./ CLICKALPS/ Dario Bonetto; **S. 17|3:** © Landesamt für Archäologie Sachsen/ Staatliches Museum für Archäologie Chemnitz. Aufnahme: Ursula Wohmann; **S. 17|4:** akg-images; **S. 17|5:** Imago Stock & People GmbH/imago images/Shotshop; **S. 17|6:** © Landesamt für Archäologie Sachsen/ Staatliches Museum für Archäologie Chemnitz. Aufnahme: Jürgen Lösel; **S. 17|7:** akg-images/ Bildarchiv Monheim; **S. 19:** © SciencePhotoLibrary/ DAVID GIFFORD/SCIENCE PHOTO LIBRARY; **S. 23|u. m.:** Shutterstock.com/ Elzbieta Sekowska; **S. 23|u. r.:** stock.adobe.com/ stormy; **S. 23|o.2.v.r.:** stock.adobe.com/ biker3; **S. 23|u. l.:** mauritius images/ United Archives; **S. 23|o.r.:** Shutterstock.com/ Vanessa Nel; **S. 23|o. l.:** akg-images/ arkivi UG; **S. 23|o.2. v. l.:** picture-alliance/ CTK **S. 23|o. 2. v. r.:** picture-alliance/ dpa/ CTK; **S. 24|1:** dpa Picture-Alliance/ Daniel Karmann/ Archäologisches Forschungsprojekt St. Martin in Ermhof, b. Sulzbach-Rosenberg, Lkr. Amberg-Sulzbach; wiss. Leitung Mathias Hensch; **S. 24|2:** © Landesamt für Archäologie Sachsen/ Staatliches Museum für Archäologie Chemnitz. Aufnahme: Jürgen Lösel; **S. 24|3:** © Landesamt für Archäologie Sachsen/ Staatliches Museum für Archäologie Chemnitz. Aufnahme: Franziska Frenzel-Leitermann; **S. 25:** akg-images; **S. 25|4:** Cornelsen/ Hans Wunderlich; **S. 26|1 (Wh. 6):** bpk/ Staatsbibliothek zu Berlin; **S. 26|2 (Wh. 6):** akg-images/ Pirozzi

2. Längsschnitt Auf den Spuren der frühen Menschen

S. 30/31 (Wh. 3): Shutterstock.com/ Elenarts; **S. 34:** © Science-PhotoLibrary / DAVID GIFFORD/SCIENCE PHOTO LIBRARY; **S. 35u. l.:** akg-images/ Heritage-Images/ The Print Collector; **S. 36|1:** akg-images/ ELISABETH DAYNES/ SCIENCE PHOTO LIBRARY; **S. 36|2:** Shutterstock.com/ Elenarts; **S. 36:** bpk/ Museum für Vor- und Frühgeschichte, SMB/ Ingrid Geske; **S. 37|3:** Shutterstock.com/ Elenarts; **S. 37|4:** akg-images/ Hess. Landesmuseum; **S. 39|3:** © Landesamt für Archäologie Sachsen/ Staatliches Museum für Archäologie Chemnitz. Aufnahme: Meike Kenn; **S. 41|1 (Wh. 133):** © Landesamt für Archäologie Sachsen/ Staatliches Museum für Archäologie Chemnitz. Aufnahme: Meike Kenn; **S. 41|2:** © Landesamt für Archäologie Sachsen/ Staatliches Museum für Archäologie Chemnitz. Aufnahme: Meike Kenn; **S. 42:** akg-images/ Science Photo Library/ JOHN BAVARO FINE ART; **S. 43|2:** Bridgeman Images/ De Agostini Picture Library/G. Dagli Orti; **S. 43|3:** bpk/ Museum für Vor- und Frühgeschichte, SMB/ Jürgen Liepe; **S. 46|l.:** bpk/ RMN – Grand Palais/ Jean Schormans; **S. 47|2:** bpk/ Museum für Vor- und Frühgeschichte, SMB/ Hans-Dietrich Beyer; **S. 47|3:** © Landesamt für Archäologie Sachsen/ Staatliches Museum für Archäologie Chemnitz. Aufnahme: Franziska Frenzel-Leitermann; **S. 51|3:** Landesamt für Denkmalpflege und Archäologie Sachsen-Anhalt, Juraj Lipták; **S. 53:** Südtiroler Archäologiemuseum/ A. Ochsenreiter; **S. 54|1:** © Landesamt für Archäologie Sachsen; **S. 55|1:** © Landesamt für Archäologie Sachsen/ Staatliches Museum für Archäologie Chemnitz. Aufnahme: László Farkas; **S. 55|2–5:** © Landesamt für Archäologie Sachsen/ Staatliches Museum für Archäologie Chemnitz. Aufnahme: Juergen Loesel

3. Ägypten – Beispiel einer Hochkultur

S. 62/63 (Wh. 4): stock.adobe.com/Kokhanchikov; **S. 65|2 (Wh. 6):** Bridgeman Images/ De Agostini Picture Library/ W. Buss; **S. 68|3:** akg-images/ André Held; **S. 69|4:** bpk/ Scala; **S. 69|5:** Egyptian National Museum, Cairo, Egypt/ Bridgeman Images; **S. 72|1:** Bridgeman Images/ Photo © Caroline P Digonis; **S. 72|l.:** Shutterstock/ ArtMari; **S. 73:** akg-images/Hervé Champollion; **S. 76|o. l.:** akg-images/ Heritage Images/ Fine Art Images; **S. 76|m. l.:** Museum August Kestner Hannover, Fotograf: Christian Tepper; **S. 76|u. l.:** Louvre, Paris, France/ Bridgeman Images; **S. 77|2:** bpk/ The Trustees of the British Museum; **S. 81|3:** Roemer- und Pelizaeus-Museum Hildesheim, Foto: Sh. Shalchi; **S. 84|l. (Wh. 7) + S. 85|2 (Wh. 7):** Louvre, Paris, France/ Bridgeman Images; **S. 85|3 (Wh. 7):** bpk/ Vorderasiatisches Museum, SMB/ Olaf M.Teßmer; **S. 86|m. l.:** bpk/ The Trustees of the British Museum; **S. 86|u. l.:** Bridgeman Images/ Granger; **S. 89|1:** Shutterstock.com/Marco Ossino; **S. 89|2:** Shutterstock.com/ After Coffee Photography; **S. 89|3:** Roemer- und Pelizaeus-Museum Hildesheim, Foto: Sh. Shalchi; **S. 89|4:** Shutterstock.com/ cornfield; **S. 89|5:** Shutterstock.com/ matias planas; **S. 89|6:** stock.adobe.com/Gerhard; **S. 89|7:** Bridgeman Images; **S. 89|9:** Werner Forman Archive/ Bridgeman Images; **S. 89|10:** Egyptian National Museum, Cairo, Egypt/ Photo © Boltin Picture Library/ Bridgeman Images

4. Griechenland als Wurzel der europäischen Kultur

S. 90/91 (Wh. 4): Getty Images / Bettmann Archive; **S. 94|1:** akg-images/ Erich Lessing; **S. 95|2:** akg-images/ Balage Balogh/ archaeologyillustrated.com; **S. 96|1:** akg-images/ Bruno Pérousse; **S. 97|2:** bpk/ DeA Picture Library/ Archivio J. Lange; **S. 97|3:** akg-images/ Balage Balogh/archaeologyillustrated.com; **S. 98|l.:** Bridgeman Images; **S. 99|2:** akg-images/ Hervé Champollion; **S. 99|r.:** bpk/ Münzkabinett, SMB/ Reinhard Saczewski; **S. 101:** akg-images; **S. 103|1:** Bridgeman Images; **S. 103|2:** Bridgeman Images/ © Look and Learn German School, (19th century); **S. 104|1:** bpk/ The Metropolitan Museum of Art; **S. 104|2:** Bridgeman Images; **S. 104|3:** bpk/ The Trustees of the British Museum; **S. 105|4:** akg-images/ Erich Lessing; **S. 105|5:** Bridgeman Images/ De Agostini Picture Library/ G. Dagli Orti; **S. 105|6:** akg-images/ Erich Lessing; **S. 105|7:** bpk/ Antikensammlung, SMB; **S. 109|2:** Bridgeman Images/ © Look and Learn Howat, Andrew (20th Century); **S. 111|2:** akg-images/ Peter Connolly; **S. 111|o.r.:** Bridgeman Images; **S. 111|m.r.:** Bridgeman Images/ Pictures from History Christoforidis, Anna (fl. 2004); **S. 113|o.:** akg-images/ Nimatallah; **S. 113|2/ S. 115|1:** akg-images; **S. 116|1, 2:** akg-images/ Peter Connolly; **S. 117|2:** bpk/ Antikensammlung, SMB/ Johannes Laurentius; **S. 119|2:** akg-images/ Heritage Images/ Ashmolean Museum, University of Oxford; **S. 119|3:** bpk/ Antikensammlung, SMB/ Johannes Laurentius; **S. 121|2:** akg-images/ Peter Connolly; **S. 121|3:** akg-images; **S. 122|2/S. 123|3:** akg-images/ Osprey Publishing; **S. 124|r.:** bpk/ Lutz-Jürgen Lübke; **S. 125|2:** akg-images/ Balage Balogh/ archaeologyillustrated.com; **S. 126|1, 2:** akg-images/ Peter Connolly; **S. 127|3:** dpa Picture-Alliance/ ZB/ Jan Woitas; **S. 128|1:** Bridgeman Images/ © Look and Learn Sheldon, Charles Mills (1866–1928) (after); **S. 128| 2–4, 6:** akg-images; **S. 128|5:** Bridgeman Images/ The Stapleton Collection French School, (19th century); **S. 128|7:** Bridgeman Images/© Look and Learn English School, (20th century); **S. 129|3 (Wh. 6):** Deutscher Bundestag/ Marc-Steffen Unger/ © VG Bild-Kunst, Bonn 2019, Ludwig Gies, Bundesadler (1953); **S. 129|4 (Wh. 6):** akg-images/ Erich Lessing; **S. 131|u.:** akg-images; **S. 132:** Panther Media GmbH/Wavebreakmedia ltd

Auftragsillustrationen und Karten

Cornelsen/Klaus Becker: S. 57|1, S. 74|u., S. 74|2, S. 75|4, S. 75|3, S. 89|8, S. 126|a)–c); **Cornelsen/ Thomas Binder:** S. 59|2, S. 67|3; **Cornelsen/Carlos Borrell Eiköter:** S. 32|1, S. 44|1, S. 55|2, S. 58|1, S. 64|1,2 (Wh. 6), S. 66|2, S. 84|1 (Wh. 7), S. 86|1, S. 92|1, S. 98|1, S. 120|1, S. 122|1, S. 124|1, S. 128|1; **Cornelsen/Elisabeth Galas, Bad Breisig:** S. 136; **Cornelsen/Heimann & Schwantes:** S. 52|1, S. 68|1, **Cornelsen/Heimann & Schwantes, bearb. v. Cornelsen/Elisabeth Galas:** S. 87|2; **Cornelsen/ Erfurth Kluger Infografik GbR / Michael Teßmer:** S. 38|2, S. 110|1, S. 112.1, S. 118|1; **Cornelsen/ Carsten Märtin:** S. 13, S. 33, S. 65 o., S. 93; **Cornelsen/Annette Pflügner:** S. 20/21, S. 27|u., S. 27|o.; **Cornelsen/Matthias Pflügner:** S. 100|1; **Cornelsen/Dieter Stade (nach Klaus Becker):** S. 78|1, S. 79|4, S. 79|5; **Cornelsen/Dieter Stade:** S. 66|l., S. 74|m., S. 78|2, S. 79|3, S. 80|1, S. 81|4, S. 89; **Cornelsen/ Michael Teßmer:** S. 38|1, S. 38|2, S. 39|3, S. 45|2, S. 46|1, S. 48/49 (Wh. 8), S. 50|1, S. 50|2, S. 59|1, S. 66|1, S. 70/71, S. 106/107, S. 108|1, S. 129|2 (Wh. 6); **Cornelsen/Hans Wunderlich:** S. 68|2, S. 76|1, S. 81|2